孟子·荀子

线装国学经典

第四册

〔战国〕孟子 荀子 著
李楠 编译

君道

第十二

有乱君，无乱国；有治人，无治法。羿之法非亡也，而羿不世中；禹之法犹存，而夏不世王。故法不能独立，类不能自行；得其人则存，失其人则亡。法者，治之端也；君子者，法之原也。故有君子，则法虽省，足以遍矣；无君子，则法虽具，失先后之施，不能应事之变，足以乱矣。不知法之义而正法之数者，虽博，临事必乱。故明主急得其人，而暗主急得其势。急得其人，则身佚而国治，功大而名美，上可以王，下可以霸；不急得其人，而急得其势，则身劳而国乱，功废而名辱，社稷必危。故君人者，劳于索之，而休于使之。《书》曰：『惟[1]文王敬忌，一人以择。』此之谓也。

合符节，别契券者，所以为信也。上好权谋，则臣下百吏诞诈之人乘是而后欺。探筹投钩者，所以为公也；上好曲私，则臣下百吏乘是而后偏。衡石称县者，所以为平也；上好倾覆，则臣下百吏乘是而后险。斗斛敦槩者，所以为啧也；上好贪利，则臣下百吏乘是而后丰取刻与，以无度取于民。

故械数者，治之流也，非治之原也。君子者，治之原也。官人守数，君子养原；原清则流清，原浊则流浊。故上好礼义，尚贤使能，无贪利之心，则下亦将綦辞让，致忠信而谨于臣子矣。

如是则虽在小民，不待合符节、别契券而信，不待探筹、投钩而公，不待衡石、称县而平，不待斗斛敦槩而啧。故赏不用而民劝，罚不用而民服，有司不劳而事治，政令不烦而俗美。百姓莫敢不顺上之法，象上之志，而劝上之事，而安乐之矣。故藉敛忘费，事业忘劳，寇难忘死。城郭不待饰而固，兵刃不待陵[2]

而劲，敌国不待服而诎，四海之民不待令而一。夫是之谓至平。《诗》曰：『王犹允塞，徐方既来。』此之谓也。

【注释】

①惟：思。

②陵：通『凌』，冰，冷却，指淬火。

【译文】

有弄乱国家的君主，没有混乱的国家；有管理国家的人才，没有自行管理的法制。后羿的射箭办法并没有失传，但后羿并不能使世世代代的人都百发百中；大禹的法制依然存在，但夏后氏并不能世世代代称王天下。故而法制不能够单独有所建树，律例不能够自动运行；获得了那种善于治国的才能，那么法制就存在；失去了那种人才，那么法令也就灭亡了。

法制，是政治的开头；君子，是法令的本原。所以有了君子，法令即使简略，也能够解决普遍的社会问题了；要是没有君子，法令就算完备，也会失去先后的实施次序，不能应付事情的各种变化，最终还是会形成混乱。不晓得法治的道理而不过去定法律的条文，就算了解得很多，遇到具体事情也必定会昏乱。故而英明的君主急于获得治国的人才，而愚昧的君主急于获得权势。急于获得治国的人才，就会自身安逸而国家安定，功绩伟大而声誉美好，上能够称王天下，下能够称霸诸侯；不急于获得治国的人才，而急于获得权势，就会自身劳苦而国家混乱，功业败坏而声誉狼藉，国家政权一定危险。故而统治人民的君主，在寻觅人才时劳累，而在任用他以后就安逸了。《尚书》上说：『要想念文王的恭敬戒惧，亲自去选择人才。』

说的便是此种道理。

合验符节，辨别契券，是为了讲求信用；要是君主好搞权术阴谋，那臣民官吏中搞欺诈的人就会乘机而来进行欺骗。抽签、抓阄，是为了显示公正的；要是君主喜欢偏私，那臣民官吏就会乘机而来搞偏私。用衡器称重，是为了保证公平的；要是君主喜欢偏斜颠倒，那臣民官吏就会乘机而来搞偏邪奸险。诸多称量器用，是为了统一准则；要是君主喜好贪利，那臣民官吏就会乘机多拿少给无限度地剥削百姓。

故而，各种器物械具和办法准则，全是管理国家的支流，不是管理国家的本源；君子，才是管理国家的根本。官吏拘守具体条规，君子保养源头；源头清澈，流水自然清澈，源头浑浊，流水必定浑浊。所以，君主喜欢礼义、崇尚贤德、任命能人，没有贪利的心思，那么臣民也就会十分谦让，极尽忠信真诚，谨慎地做一个臣子。

如果这样，就算在卑微的小小民众中，也不待合验符节、辨认契券就能做到有信用，不等抽签、抓阄就能办到公正，不要衡器称量就能办到公平，不要称量器用就能办到标准统一。故而，不用奖赏百姓就会勤勉，不用刑罚民众就会服从，官吏不劳累事情就能做好，政令不烦琐风俗就会淳美。民众没有敢于不顺从君主的法制的。按照君主的意志而努力为君主做事，并对此感到快乐。所以，百姓纳税不觉得繁重，办事不感到劳累，敌人来了殊死作战；城墙不用修理就坚固，兵刃不用磨砺就锋利，敌国不用征伐就服从，四海百姓不用命令就行动一样。这就称为十分太平安定。《诗经·大雅·常武》中说：『王道广大充塞世界，徐国已经来服从。』便是说的此种情况。

请问为人君？曰：以礼分施，均遍而不偏。请问为人臣？曰：以礼待君，忠顺而不懈。请问为人父？曰：宽惠而有礼。请问为人子？曰：敬爱而致文。请问为人兄？曰：慈爱而见友。请问为人弟？曰：敬诎而不苟。请问为人夫？曰：致功而不流，致临而有辨。请问为人妻？曰：夫有礼则柔从听侍，夫无礼则恐惧而自竦也。此道也，偏立而乱，俱立而治，其足以稽矣。请问兼能之奈何？曰：审之礼也。

古者，先王审礼，以方皇周浃于天下，动无不当也。故，君子恭而不难①，敬而不巩，贫穷而不约，富贵而不骄，并遇变态而不穷，审之礼也。

故，君子之于礼，敬而安之；其于事也，径而不失；其于人也，寡怨宽裕而无阿；其所为身也，谨修饰而不危②；其应变故也，齐给便捷而不惑；其于天地万物也，不务说其所以然，而致善用其材；其于百官之事、技艺之人也，不与之争能，而致善用其功；其待上也，忠顺而不懈；其使下也，均遍而不偏；其交游也，缘义而有类；其居乡里也，容而不乱。是故，穷则必有名，达则必有功，仁厚兼覆天下而不闵，明达用天地理万变而不疑，血气和平，志意广大，行义塞于天地之间，仁知之极也。夫是之谓圣人，审之礼也。

请问为国？曰：『闻修身，未尝闻为国也。君者，仪也；仪正而景正。君者，槃也；槃圆而水圆。君者，盂也；盂方而水方。君射则臣决。楚庄王好细腰，故朝有饿人。故曰：闻修身，未尝闻为国也。

【注释】

①难：通『戁』，恐惧，害怕。

②危：通『诡』，违反，违背。

【译文】

请问如何做君主呢？答复道：依照礼义去管理国家，公平而不偏私。请问如何做臣子呢？答复道：依照礼义去对待君主，忠诚服从而不懈怠。请问如何做父亲呢？答复道：要宽厚仁爱而有礼节。请问如何做儿子呢？答复道：敬爱父母而又十分恭顺。请问如何做哥哥呢？答复道：仁慈地爱护弟弟而又表现出友好。请问如何做弟弟呢？答复道：恭敬顺从而从不马虎。请问如何做丈夫呢？答复道：要尽力获得功业而不放荡淫乱，尽力和妻子亲近而又有必要的界限。请问如何做妻子呢？答复道：丈夫遵循礼义就温柔和顺地侍奉丈夫，丈夫不遵从礼义就觉得恐惧而知道警惕。这些准则，只办到某些方面，国家依然会混乱。要是全部都做到了，那国家就会安定；这是已经被充分证实了的。请问要全部办到这些该怎么办呢？答复道：一定透彻地知道礼义。

古代圣王清楚知道了礼义而普遍地推行于天下，行动没有不妥当的地方了，故而君子谦恭但不胆怯，肃敬但不害怕，贫穷却不卑躬屈膝，富足却不骄横霸道，并且碰到各种事变，可以应对自如而并非束手无策，这全是由于透彻地了解了礼义的缘故。

故而君子对于礼义，恭敬而自觉地遵从它；他对于事务，做起来直截了当而不会出错误；他对于别人，很少怨恨，宽宏大量而又不阿谀逢迎；他做人的准则，是谨慎地加强修养而不违背礼义；他应付各种变化，快速敏捷而不迷惑；他对于天地万物，不致力于去解释它们形成的原因而可以最好地利用它们的物产；他对于官府中的各级官吏和有技艺的人才，不和他们竞争才能的高下而可以很好地利用这些人的成绩；他侍奉君主，忠诚服从而不懈怠；他任用下属，公平而不偏私；他和人来往，按照志同道合的原则并做到有礼义；

他住在乡间，待人宽容而不过分。故而君子即使处境穷困时也必定会享有声望，显达时就一定会建立功勋；他的仁爱宽厚之德普照天下而没有止境，他明智通达地治理天地万物，处置各种事变而不疑惑；他心平气和，胸怀开阔，德行道义布满天地之间，仁德智慧达到了极致。这就称为圣人，因为他对礼义清楚明了。

请问如何管理国家？答道：我只听说君主要修养自己的品德，不曾听说过如何去管理国家。君主，就像测定时刻的标杆；百姓，就像这标杆的影子；标杆正直，那么影子也正直。君主，如同盘子；民众，就像盘里的水；盘子是圆形的，那么盘里的水也形成圆形。君主，就像盂；民众就如同盂中的水；盂是方形的，那么盂中的水也形成方形。君主射箭，那么臣子就将套上扳指。楚灵王欢喜细腰的人，故而朝廷上有饿得面黄肌瘦的臣子。故而说：我只听说君主要修养身心，不曾听说过如何管理国家。

君者，民之原也；原清则流清，原浊则流浊。故有社稷者而不能爱民，不能利民，而求民之亲爱己，不可得也。民不亲不爱，而求其为己用，为己死，不可得也。民不为己用，不为己死，而求兵之劲，城之固，不可得也。兵不劲，城不固，而求敌之不至，不可得也。敌至而求无危削，不灭亡，不可得也。危削灭亡之情举积此矣，而求安乐，是狂生者也。狂生者，不胥①时而落。

故人主欲强固安乐，则莫若反之民；欲附下一民，则莫若反之政；欲修政美俗，则莫若求其人。彼或蓄积而得之者不世绝。彼其人者，生乎今之世，而志乎古之道。以天下之王公莫好之也，然而是子独好之；以天下之民莫为之也，然而是子独为之。好之者贫，为之者穷，然而是子犹将为之也，不为少顷辍焉。晓然独明于先王之所以得之、所以失之，知国之安、危、臧、否，若别白黑。是其人也，大用之，则天下为一，诸侯为臣；小用之，则威行邻敌；纵不能用，使无去其疆域，则国终身无故。故君人者，爱民而安，好士而荣，两者无一焉而亡。《诗》曰：『价人维藩，大师为垣。』此之谓也。

道者，何也？曰：君之所道也。君者，何也？曰：能群也。能群也者，何也？曰：善生养人者也，善班[2]治人者也，善显设人者也，善藩饰人者也。善生养人者，人亲之；善班治人者，人安之；善显设人者，人乐之；善藩饰人者，人荣之。四统者具而天下归之，夫是之谓能群。不能生养人者，人不亲也；不能班治人者，人不安也；不能显设人者，人不乐也；不能藩饰人者，人不荣也。四统者亡而天下去之，夫是之谓匹夫。故曰：道存则国存，道亡则国亡。省工贾，众农夫，禁盗贼，除奸邪，是所以生养之也。天子三公，诸侯一相，大夫擅官，士保职，莫不法度而公，是所以班治之也。论德而定次，量能而授官，皆使其人载其事而各得其所宜，上贤使之为三公，次贤使之为诸侯，下贤使之为士大夫，是所以显设之也。修冠弁衣裳、黼黻文章、雕琢刻镂皆有等差，是所以藩饰之也。

【注释】

①胥：通『须』，等待。

②班：通『辨』（办），治理。

【译文】

君主，就像百姓的源头；源头清澈，那么下边的流水也清澈；源头混浊，那么下边的流水也混浊。故而掌握了国家政权的人要是不可以爱护自己的百姓，不可以使民众得利，而希望民众亲近爱戴自己，那是不能够办到的。民众不亲近、不爱戴自己，反倒希望民众为自己所用、为自己卖命，那也是不能够办到的。

民众不肯为自己所用、不肯为自己牺牲，却希望兵力强大、城防坚固，那是不能够办到的。兵力不强大、城防不坚固，反而希望敌人不来侵犯，那是不能够办到的。敌人来了却希望自己的国家不危险削弱、不灭亡，那是不能够办到的。国家危险削弱以致灭亡的情况全都积聚在他这儿了，却还想要得到安逸快乐，这是狂妄无知的人。是狂妄无知的人，不会等多久便会衰败死亡的。

故而君主想要强大稳固安乐，那就不如反过来依赖民众；要想使臣下顺从、使民众与自己一条心，那就不如反过来治理好政事；要想治理好政事、使习俗淳朴，那就不如寻求有德能的治国之人。那些获得并积蓄有德才的治国之人的君主，世世代代从没有断绝过。那些有德才的人，生在今日的时代，而晓得古代的政治原则。即使天下的君主没有谁欢喜古代的政治原则，仅仅这些有德才的人喜欢；即使天下人没有谁去实施这些政治原则，仅仅这些有德才的人去实施遵循。欢喜古代政治原则的人往往会贫穷，遵从实施古代政治准则的人往往会困厄，不过这些有德才的人还是要去实施它，并且不会有片刻的停止。只有他们清楚地明白先代的君主政治的得失，国家的安危、好坏，就如同分辨黑白一样。这种有德能的治国之人，要是获得君主的重用，那么就可以统一天下，诸侯就会来称臣；要是获得君主一般的任用，那么国家的威势也可以波及邻邦敌国；就算君主不可以任用他，只要不让他离开自己的国土，那么这个国家在他活着的时期就能够没有祸患。故而统治百姓的君主，爱护民众就会安宁，欢喜有德才的人，国家就会繁荣，这两者都不拥有的，国家就会灭亡。《诗经》中说：『有德才的人便是那屏障，百姓便是那围墙。』说的便是这个道理。

『道』是什么意思？答复：道是君主所遵从的准则。『君』又是什么意思？答复：君主是可以团结他人的人。什么才是团结？答复：是指擅长养活抚育人，擅长管理人，擅长任命安置人，擅长用不同的服饰来区分人。擅长养活抚育人的，人们就亲近他；擅长治理人的，人们就安心顺从他；擅长任用安置人的，人们就喜欢他；擅长用服饰来区分人的，人们就赞美他。这四个要领具备了，天下的人就会顺从他，这就称为能把人组织成社会群体的君主。不能养活抚育人的，人们就不会亲近他；不能治理人的，人们就不会安心服从他；不能任命安置人的，人们就不会欢喜他；不能用服饰区分人的，人们就不会赞扬他。这四个要领都没有办到，天下的人就会背弃他，这就称为孤身一人的独夫。所以说：正确的政治准则存在，国家就存在；正确的政治准则丧失了，国家就灭亡。减少手工业者和商人，增加农民人数，禁止小偷强盗，铲除奸诈邪恶之徒，这便是用来养活抚育人的办法。天子拥有太师、太傅、太保三公，诸侯拥有一个相，大夫独掌某一官职，士人谨守自己的职责，无不依照法令制度而秉公办事，这就便是用来管理人的方法。审察德行来确定等级，衡量才能来授予官职，使他们每人都承担各自的工作并且各人都能获得和他的才能相适合的职务，上等的贤才使他们担任三公，次一等的贤才使他们做诸侯，下等的贤才使他们当大夫，这便是任命安置人的办法。修饰帽子衣裳，在礼服上绘制各种彩色花纹，在各种器具上雕刻图案等都有必定的等级差别，这便是用来打扮装扮人的办法。

故由天子至于庶人也，莫不骋[1]其能、得其志、安乐其事，是所同也；衣暖而食充，居安而游乐，事时制明而用足，是又所同也。若夫重色而成文章，重味而成珍备，是所衍也。圣王财衍以明辨异，上以饰贤良而明贵贱，下以饰长幼而明亲疏。上在王公之朝，下在百姓之家，天下晓然皆知其非以为异也，将以明分达治而保万世也。故天子诸侯无靡费之用，士大夫无流淫之行，百吏官人无怠慢之事，众庶百姓无奸怪之俗、无盗贼之罪，其能以称义遍矣。故曰：『治则衍及百姓，乱则不足及王公。』此之谓也。

至道大形：隆礼至法，则国有常；尚贤使能，则民知方；纂论公察，则民不疑；赏克罚偷，则民不怠；兼听齐明，则天下归之。然后明分职，序事业，材技[②]官能，莫不治理，则公道达而私门塞矣，公义明而私事息矣。如是，则德厚者进，而佞说者止；贪利者退，而廉节者起。《书》曰：『先时者杀无赦，不逮时者杀无赦。』

人习其事而固。人之百事，如耳目鼻口之不可以相借官也。故，职分而民不探，次定而序不乱，兼听齐明而百事不留。如是，则臣下百吏至于庶人，莫不修己而后敢安正，诚能而后敢受职。百姓易俗，小人变心，奸怪之属，莫不反悫。夫是之谓政教之极。

故，天子不视而见，不听而聪，不虑而知，不动而功，块然独坐，而天下从之如一体，如四肢之从心。夫是之谓大形。《诗》曰：『温温恭人，维德之基。』此之谓也。

为人主者莫不欲强而恶弱，欲安而恶危，欲荣而恶辱，是禹、桀之所同也。要[③]此三欲，辟此三恶，果何道而便？曰：在慎取相，道莫径是矣。故知而不仁，不可；仁而不知，不可；既知且仁，是人主之宝也，而王霸之佐也。不急得，不知；得而不用，不仁。无其人而幸有其功，愚莫大焉。

【注释】

①骋：发挥。

②材技：使用有技艺的人。

③要（yāo）：设法取得。

【译文】

从天子直到普通民众，无不施展自己的能力，实现自己的志愿，安逸愉快地从事自己的事情，这是每个人所相同的；衣服暖和又食物充实，居住安适又游玩快乐，政事办理及时，法律制度严明，生活用度充足，这又是每个人所一样的。对于使用各种颜色绘制衣服上的花纹，汇集多种食物烹制成珍馐美味，这是财物有余的现象。圣明的君主控制有余的财物，用来彰明、区分等级差异，对上装扮贤良显示地位高低，对下装扮长幼表明亲疏关系。如此，上自王公朝廷，下至民众家庭，天下人都明白地清楚圣明的帝王并非要用这些有意制造等级差别，而是要用来明确名分、达到管理的目的而保持国家世代平安。故而，天子诸侯没有浪费的用度，士大夫没有放纵淫荡的做法，百官群臣没有怠慢政事，民众百姓没有奸诈怪僻的风俗、没有偷盗抢劫的罪过，这就可以称为道义普及了。故而说：『国家安定，财富遍及民众；国家混乱，贫困波及王公。』便是说的这个道理。

最高道义的最充分的表现是：推崇礼义而且深入细致地考察法令，使法令高于一切，那么国家就会有秩序；尊重贤德的人，任命有才能的人，那么民众就会清楚努力的方向；集体审查，公正考察，那么民众就不会怀疑了；奖赏勤劳的人，惩罚偷懒的人，那么民众就不会懒惰了；广泛听取各种意见，完全明白所有事情，那么天下人就顺从他。然后明确名分职责，依据轻重缓急的次序来安排工作，安排有技术的人做事，任用有能力的人当官，没有什么得不到处理，那么为公家效劳的道路就通达了，而谋私的门径就被堵住了，为公的准则昌明了而谋私的事情就止息了。像这样，那么品德淳厚的人就获得起用而巧言谄媚的人就遭遇遏止，贪图财利的人被罢黜而廉洁奉公的人被提拔。《尚书》上说：『在规定的时间之前行动的，杀而不赦；没有赶上规定时间而落后的，杀而不赦。』

人们往往由于熟悉了自己的工作而固守本职不改行。人们的各种工作，就像耳朵、眼睛、鼻子、嘴巴等不能够互相替代。故而，职务划分明确以后，民众就不会再谋求他职；等级确定后，秩序就不会混乱；广泛听取各种建议，完全明察一切，那么各种工作就不会被拖拉。像如此，那么大臣百官直到平民百姓就无不提高了自己的修养之后才敢安居，真正有了才能之后才敢接受官职；民众改变了习俗，小人转变了思想，奸邪怪僻之流无不转向诚实谨慎，这就称为政治教化的最高境界。

故而天子不用察看就能看到问题，不用打听就清楚真相，不用考虑就能晓得事理，不用动手就能功成业就，岿然不动地独自坐着而天下服从他，就像长在一个身体上一般，就像四肢顺从思想的支配一般，这就是道义的最充分表现。《诗经》上说：『温和谦恭的人们，是以道义为根本的。』说的便是这种情况。

做君主的无不想要强盛而厌恶衰弱，想要安定而厌恶危险，想要荣耀而厌恶耻辱，这是禹和桀所一样的欲望。要实现这三种愿望，避免这三种讨厌的东西，究竟采取什方法最便利？答复道：在于慎重地选取相，没有什么方法比这个更简单的了。对于相的人选，有智慧而没有仁德，不行；有仁德而没有智慧，也不行；既有智慧又有仁德，这就是君主的宝贵财富，是成就王业霸业的助手。君主不急于获得相才，是不明智；获得了相才而不重用，是不仁慈。没有那德才兼备的相而想要取得王霸之功，没有比这个更愚蠢的了。

今人主有六患：使贤者为之，则与不肖者规之；使知者虑之，则与愚者论之；使修士行之，则与污邪之人疑之。虽欲成功，得乎哉！譬之是犹立直木而恐其影之枉也，惑莫大焉。语曰：『好女之色，恶者之孽也。公正之士，众人之痤也。循道之人，污邪之贼也。』今使污邪之人论其怨贼而求其无偏，得乎哉！譬之是犹立枉木而求其影之直也，乱莫大焉。

故古之人为之不然。其取人有道，其用人有法。取人之道，参之以礼；用人之法，禁之以等。行义动静，度之以礼；知虑取舍，稽之以成；日月积久，校之以功。故卑不得以临尊，轻不得以县①重，愚不得以谋知，是以万举不过也。故校之以礼，而观其能安敬也；与之举错迁移，而观其能应变也；与之安燕②，而观其能无流慆也；接之以声色、权利、忿怒、患险，而观其能无离守也。彼诚有之者与诚无之者若白黑然，可诎邪哉？故伯乐不可欺以马，而君子不可欺以人。此明王之道也。

【注释】

①县：衡量。

②燕：通『宴』，安闲。

【译文】

如今的君主有个大毛病：让有德能的人处理政事，却同不贤的人去规范他；让明智的思考问题，却同愚昧的人去判断他；让品德美好的人执行公务，却同肮脏邪恶的人去猜疑他，即使想成就功业，能做到吗？不妨举个例子，就好比竖起挺直的木桩而害怕影子弯曲一般，再没有比这糊涂的了。俗话说：『美女的姿色，丑恶的人当作是罪孽。公正的贤士，庸人当作是疽疖。遵循道义的人，肮脏邪恶的人当作是祸害。』如今要是让肮脏邪恶的人评判他们怨恨的人还要求没有偏私，能办到吗？也不妨举个例子，就如同竖起弯曲的木桩而希望影子挺直一般，再没有比这昏乱的了。

故而，古代的人做事就不如此。他们选取人有必定的准则，任用人有必定的法度。选取人的准则，是用礼来检验人；任用人的法度，是用等级来约束人。仪表行动举止，都用礼来衡量；智慧与判断取舍的能力，都用成绩来考察；日积月累，用成绩来验证他们。故而卑下的人不能凌驾在高贵的人之上，地位轻贱的人不能去衡量地位尊贵的人，愚蠢的人不能去为智慧的人出谋划策。如此，做任何事都不会出错误。

故而，用礼来检验人才，观察他们能不能安心地恭敬；把他们置于动荡变化之中，观察他们能不能应付各种变化；把他们置于安逸闲适之中，观察他们是否可以不放荡淫乱；让他们接触声色、权力、愤怒、患难与危险，观察他们是否可以不背离职守。这样，他们真正拥有的和确实没有具备的品德，就像黑白一般分明，这还可以歪曲吗？故而，不能用马来欺骗伯乐，不能用人来欺骗君子，这是英明君主的准则。

人主欲得善射，射远中微者，县贵爵重赏以招致之。内不可以阿子弟，外不可以隐远人，能中是者取之，是岂不必得之之道也哉！虽圣人不能易也。欲得善驭速致远者，一日而千里，县贵爵重赏以招致之。内不可以阿子弟，外不可以隐远人，能致是者取之，是岂不必得之之道也哉！虽圣人不能易也。

欲治国驭民，调壹上下，将内以固城，外以拒难，治则制人，人不能制也；乱则危辱灭亡可立而待也。然而求卿相辅佐则独不若是其公也，案唯便嬖亲比己者之用也，岂不过甚矣哉！故有社稷者莫不欲强，俄则弱矣；莫不欲安，俄则危矣；莫不欲存，俄则亡矣。

古有万国，今有十数焉，是无他故，莫不失之是也。故明主有私人以金石珠玉，无私人以官职事业，是何也？曰：本不利于所私也。彼不能而主使之，则是主暗也；臣不能而诬能，则是臣诈也。主暗于上，臣诈于下，灭亡无日，俱害之道也。夫文王非无贵戚也，非无子弟也，非无便嬖也，倜然[①]乃举太公于州人而用之，岂私之也哉！以为亲邪？则周姬姓也，而彼姜姓也。以为故邪？则未尝相识也。以为好丽邪？则夫人行年七十有二，齳[②]然而齿堕矣。然而用之者，夫文王欲立贵道，欲白贵名，以惠天下，而不可以独也。非于是子莫足以举之，故举是子而用之。于是乎贵道果立，贵名果明，兼制天下，立七十一国，姬姓独居五十三人。周之子孙，苟非狂惑者，莫不为天下之显诸侯，如是者能爱人也。故举天下之大道，立天下之大功，然后隐其所怜所爱，其下犹足以为天下之显诸侯。故曰：唯明主为能爱其所爱，暗主则必危其所爱。此之谓也。

【注释】

①倜（tì）然：远离的样子，此指远离世俗、与众不同的样子。

②齳（yǔn）：无齿。

【译文】

君主希望获得擅长射箭的人——既射得很远而又能命中微小目标的人，就拿出高贵的爵位、丰厚的赏赐招致他们。对内不准偏私自己的子弟，对外不准埋没关系疏远的人，可以射中这种目标的人就录取他，这难道不就是必定能求得善射者的方法吗？就算是圣人也不能更改它。君主希望获得擅长驾驭车马的人——既追得上快速奔驰的车子又能到达远方目的地的人，一天能跑千里，就拿出高贵的爵位、丰厚的赏赐来招致他们。对内不准偏私自己的子弟，对外不准埋没关系疏远的人，能到达此目的地的人就录取他，这难道不就是必定能求得擅长驾车者的办法吗？就算是圣人也不更改它。

君主希望治好国家，管好人民，调和统一上上下下；准备对内用他们来巩固城防，对外用他们抵御敌人的侵略。由于国家管理好了，就能制服别人，而别人不能制服自己；国家混乱，那么危难、屈辱、灭亡的局面就马上等得到。不过君主在求取卿相辅佐的时期，他的公平却偏偏不像如此，而只任用些宠爱的小臣以及亲近依靠自己的人，这难道不是错得很严重了吗？故而控制了国家政权的君主无不想要强盛，但不久就衰弱了；无不希想要安定，但不久就危险了；无不想要国家存在，但不久就灭亡了。古代有上万个国家，今日只有十几个了，这没有其他的原因，都是由于这用人不公而丢失了政权啊。故而英明的君主有把金银宝石珍珠玉器私下给人的，但从来没有把官位政务私下给人的。这是为何呢？答复道：由于私下给人官职根本不利于那些被偏袒的人。那些人没有能力而君主任命他，那么这便是君主昏庸；臣子无能而冒充有能力，那么这便是臣子欺诈。君主昏庸于上，臣子欺诈于下，消亡就要不了几天了。故而这是对君主有所宠爱的臣子都有害处的行为啊。

周文王并不是没有皇亲国戚，也不是没有儿子兄弟和宠臣亲信，但他却与众不同地选拔了作为外人的姜太公而且重用他，这哪里是要偏私呢？你认为他们是亲族吗？但周族姓姬而太公姓姜。你认为他们是故旧之交吗？但他们从来不相识。认为周文王爱漂亮吗？但姜太公已经是七十二岁，牙都掉完了。文王之所以仍然要任命他，那是由于文王希望在政治上有高远的追求，希望留下尊贵的声望，并用此来造福天下。而这种伟大的事业是不能靠自己独自来做的，除了姜太公没别人能够胜任，故而才提拔重用了他。于是真的成就了一番伟大的政治功业，留下了尊贵的声望，全面掌握了天下。此后分封了七十一个诸侯国，当中姬姓诸侯就独占了五十三个。周家的子孙们，只要不是疯癫糊涂的，一个个都成了天下尊贵的诸侯。只有如此，才算是会宠爱人啊。先实施统一天下的重大政治措施，建立统一天下的伟大政绩，此后再思考偏袒自己所爱护的人，最后连那些最没出息的子孙也都成了全天下最尊贵的诸侯国君。故而说：『只有英明的君主才真正有力量爱他所宠爱的人，昏庸的君主则必定只是危及他所爱护的人。』说的便是这个道理。

墙之外，目不见也；里之前，耳不闻也。而人主之守司，远者天下，逝者境内，不可不略知也。天下之变，境内之事，有弛易齵差者矣，而人主无由知之，则是拘胁蔽塞之端也。耳目之明如是其狭也，人主之守司如是其广也，其中不可以不知也。如是其危也。然则人主将何以知之？曰：便嬖左右者，人主之所以窥远收①众之门户牖向也，不可不早具也。故人主必将有便嬖左右足信者然后可。其知惠足使规物，其端诚足使定物然后可。夫是之谓国具。

人主不能不有游观安燕之时，则不得不有疾病物故之变焉。如是国者，事物之至也如泉原，一物不应，乱之端也。故曰：人主不可以独也。卿相辅佐，人主之基杖也，不可不早具也。故人主必将有卿相辅佐足任者然后可。其德音足以填抚百姓，其知虑足以应待万变然后可，夫是之谓国具。

四邻诸侯之相与，不可以不相接也，然而不必相亲也。故人主必将有足使喻志决疑于远方者然后可。其辩说足以解烦，其知虑足以决疑，其齐断足以距难，不还秩②，不反君，然而应薄扞患足以持社稷然后可。夫是之谓国具。

故人主无便嬖左右足信者谓之暗，无卿相辅佐足任者谓之独，所使于四邻诸侯者非其人谓之孤，孤独而晻谓之危。国虽若存，古之人曰亡矣。《诗》曰：『济济多士，文王以宁。』此之谓也。

材人：愿悫拘录，计数纤啬③而无敢遗丧，是官人使吏之材也。修饰端正，尊法敬分，而无倾侧之心；守职修业，不敢损益，可传世也，而不可使侵夺，是士大夫官师之材也。知隆礼义之为尊君也，知好士之为美名也，知爱民之为安国也，知有常法之为一俗也，知尚贤使能之为长功也，知务本禁末之为多材也，知无与下争小利之为便于事也，知明制度权物称用之为不泥也，是卿相辅佐之材也。未及君道也。能论官此三材者而无失其次，是谓人主之道也。若是则身佚而国治，功大而名美，上可以王，下可以霸，是人主之要守也。人主不能论此三材者，不知道此道，安值将卑势出劳，并耳目之乐，而亲自贯日而治详，一日而曲辨之，虑与臣下争小察而綦偏能，自古及今，未有如此而不乱者也。是所谓：『视乎不可见，听乎不可闻，为乎不可成。』此之谓也。

【注释】

①收：通『纠』，监督。

②还秩：辞职不干。

③纤啬：精细。

【译文】

眼睛看不到墙外面，耳朵听不到村那边。但君主所控制的，远的遍布天下，近的国境之内，不可不略知一二。天下的改变，境内的大事，总是在变动纷乱之中，要是君主一无所知，这便是被挟制蒙蔽的开始了。耳朵和眼睛所听所看到的是这样狭窄，君主的控制范围又是这样广大，当中的情形又不可不知。要是真的一无所知，那就会有危险了。既然这样，君主靠什么来知道情况呢？

答复道：君主的宠臣和侍从亲信，是君主用来观察远方、监督百官的耳目，不能不及早准备。故而君主一定有足够信赖的宠臣和侍从亲信此后才行。他们的智慧能够谋划事情，他们的正直忠实能够决定事情，此后才行。这种人就称为管理国家的工具。

君主不能没有游览观光、安闲宴乐的时间，也不可能没有疾病死亡的情况。如此，国家啊，纷繁的事情就像源泉般不断涌来，只要有一件事情没处置好，就成为祸乱的开始。故而说君主不能够单独一个人。有卿相辅佐，是君主的依靠，不能不及早准备。故而君主一定有足可任用的卿相辅佐然后才行，他们的道德声望足能够安抚百姓，他们的才智能够应付万变，然后才行。这种人就称为治理国家的工具。

四邻的诸侯相互接近，不可能不互相交往，不过不一定都友好，故而君主必须有能够出使到远方传达谕旨、决断疑难的人，此后才行。他们的辩说能够消除烦怨，他们的才智能够决断疑难，他们的机敏果断能够排除危难，并且不用回来述职，也不用回到君主身边请示，但能够应付紧急事变、抵御祸患、保住国家，此后才行。这种人称为治理国家的工具。

所以，君主没有能够信赖的宠臣和侍从亲信就叫作昏暗，没有能够任用的卿相辅佐就叫作孤独，所派遣出使四邻诸侯国的不是称职的人就称为孤立，孤立、孤独又昏暗就称为危险。就算国家还存在，古代的人也说它灭亡了。《诗经·大雅·文王》中说：『人才济济多贤能，文王由此得安宁。』便是说的这个道理。

因材用人的准则：恭顺诚实而又勤劳，就算细微的事也精心算计而不敢遗漏，这是担任普通官吏和差役的才能。修养身心、端正品行、崇尚礼法、尊重名分，而没有偏斜不正的心思；恪守职责、遵循典章，不敢有所增减，使之世代相传而不受损坏被侵夺，这种人是担任士大夫和群臣百官的材料。晓得崇尚礼义是为了使君主尊贵，晓得喜爱士人是为了使名声美好，晓得爱护民众是为了使国家安定，晓得有了固定的法制是为了统一习俗，晓得尊重贤士、使用能人是为了增长功效，晓得致力于根本性的农业生产，而限制非根本的工商业是为了增多国家财富，晓得不与下属争夺小利是为了有利于办大事，晓得彰明制度、权衡事情要符合实用是为了不拘泥于成规，这种人是做卿相辅佐的材料，还没能达到君主之道。可以选择任用这三种人才而对他们的安排没有失误，这才能够称为君主之道。要是能如此，那么君主自己就能获得安逸，国家获得安定，功业伟大而名声美好；上能够称王天下，下能够称霸诸侯，这是君主的主要职守。君主不能择取这三种人才，不晓得遵循这个原则，而仅仅降低自己的地位而竭尽劳力，抛弃声色娱乐，而自己夜以继日把事情治理得周详完备，一天之内就曲折周到地办成许多事，总是想和臣下在细小的方面比精明而使尽某一方面的能力，从古到今，还没有如此做而国家不混乱的。这便是所说的『看不可能看见的，听不可能听见的，做不可能做到的』，说的便是这个情况。

臣道

第十三

人臣之论：有态臣者，有篡臣者，有功臣者，有圣臣者。内不足使一民，外不足使距难；百姓不亲，诸侯不信；然而巧敏佞说①，善取宠乎上，是态臣者也。上不忠乎君，下善取誉乎民；不恤公道通义，朋党比周，以环主图私为务，是篡臣者也。内足使以一民，外足使以距难；民亲之，士信之；上忠乎君，下爱百姓而不倦，是功臣者也。上则能尊君，下则能爱民；政令教化，刑下如影；应卒遇变，齐给如响；推类接誉，以待无方，曲成制象，是圣臣者也。故用圣臣者王，用功臣者强，用篡臣者危，用态臣者亡。态臣用，则必死；篡臣用，则必危；功臣用，则必荣；圣臣用，则必尊。故齐之苏秦、楚之州侯、秦之张仪，可谓态臣者也。韩之张去疾、赵之奉阳、齐之孟尝，可谓篡臣也。齐之管仲、晋之咎犯、楚之孙叔敖，可谓功臣矣。殷之伊尹、周之太公，可谓圣臣矣。是人臣之论也，吉凶贤不肖之极也，必谨志之而慎自为择取焉，足以稽矣。

从命而利君谓之顺，从命而不利君谓之谄；逆命而利君谓之忠，逆命而不利君谓之篡。不恤君之荣辱，不恤国之臧否，偷合苟容，以持禄养交而已耳，谓之国贼。君有过谋过事，将危国家、殒社稷之惧也，大臣、父兄有能进言于君，用则可，不用则去，谓之谏；有能进言于君，用则可，不用则死，谓之争；有能比智同力，率群臣百吏而相与强君挢君，君虽不安，不能不听，遂以解国之大患，除国之大害，成于尊君安国，谓之辅；有能抗君之命，窃君之重，反君之事，以安国之危，除君之辱，功伐足以成国之大利，谓之拂。故，谏、争、辅、拂之人，社稷之臣也，国君之宝也。明君所尊厚也，而暗主惑君以为己贼也。故，明君之所赏，暗君之所罚也；暗君之所赏，明君之所杀也。伊尹、箕子，可谓谏矣；比干、子胥，可谓争矣；平原君之于赵，可谓辅矣；信陵君之于魏，可谓拂矣。传曰：『从道，不从君。』此之谓也。

故，正义之臣设②，则朝廷不颇。谏、争、辅、拂之人信，则君过不远。爪牙之士施，则仇雠不作。边境之臣处，则疆垂不丧。故，明主好同，而暗主好独。明主尚贤使能而飨其盛，暗主妒贤畏能而灭其功，罚其忠，赏其贼，夫是之谓至暗，桀纣所以灭也。

【注释】

①说：通『锐』，指口齿伶俐。

②设：这里是重用的意思。

【译文】

臣子的种类：有阿谀奉承的臣子，有篡夺君权的臣子，有建立功绩的臣子，有圣贤的臣子。对内不能用他来统一民众，对外不能用他去抵抗入侵的患难；民众不亲近他，诸侯不信任他；不过他却花言巧语，擅长从君主那里博得宠信，这便是阿谀奉承的臣子。上不忠于君主，下却擅长在百姓中骗取声誉；不顾法律道德和制度规范，结党营私，互相勾结，把蒙蔽君主图谋私利作为自己的追求，这便是篡夺君权的臣子。对内用他能够统一百姓，对外用他能够对抗患难；民众亲近他，士人信赖他；上忠于君主，下爱护民众而不怠惰，这便是建立功业的臣子。上能尊敬君主，下能爱护百姓；履行政策法令和教育感化，使民众效法，如影随形；应付突发事件、对待事变，迅速得像响应回声一般；以法类推各种事物，用此种办法来应对各种变化无常的情形，他的举措各方面都符合法制，这便是圣贤的臣子。故而任用圣贤的臣子就可以称王天下，任用建立功业的臣子就会强大，任用篡权的臣子就会可危，任命阿谀奉承的臣子就会消亡。阿谀奉承的臣子控制了政权，那么君主一定会丧命；篡权的臣子控制了政权，那么君主一定会危险；建立功业的臣子控制了政权，那么君主一定会繁荣；圣贤的臣子控制了政权，那么君主一定会因此尊贵。齐国的苏秦、楚国的州侯、秦国的张仪，都能够称为阿谀奉承的臣子。韩国的张去疾、赵国的奉阳君、齐国的孟尝君，都能够称作篡夺君权的臣子。齐国的管仲、晋国的咎犯、楚国的孙叔敖，便是所谓的成绩显著的大臣。殷代的伊尹、周代的姜太公，便是明达圣哲的大臣。这些大臣的类别，是预测国家安危和君主贤与不贤的准则，必须记住啊！君主要谨慎地亲自选择大臣，这便是准则。

服从君主的命令而有利于君主的，叫作恭顺；服从君主的命令而不利于君主的，叫作谄媚；违抗君主的命令而有利于君主的，叫作忠诚；违抗君主的命令而不利于君主的，叫作篡逆。不顾及君主的荣辱，不顾及国家的好坏，一味放弃原则迎合君主，只求苟且安身，来保持俸禄，豢养私党的，就叫作国贼。君主有错误的计谋、错误的行为，有将危害国家、毁灭国家的危险时，做大臣、做父兄的，能够向君主提出意见，君主采纳就行，不采纳就离去的，叫作『谏』；有能够向君主提意见，君主采纳就行，不采纳就去死的，叫作『诤』；有能够联合有智慧的人，同心合力，率领群臣百官，共同强制君主纠正过失，君主虽然不安逸，却不能不听，因此而解除了国家的大祸患，免除了国家的大灾害，最终达到了尊崇君主安定国家的，叫作『辅』；有能够抵制君主的命令，取得君主的权力，反对君主的行事，来安定了国家的危难，免除了君主的耻辱，功劳足以成就国家的最高利益的，叫作『弼』。

所以，能够谏、诤、辅、弼的人，是国家的重臣，是君主的宝贝，是圣明的君主所尊重所厚待的，而昏庸糊涂的君主却把他们当成自己的祸害。所以，圣明的君主所奖赏的人，正是昏庸的君主所惩罚的；昏庸的君主所奖赏的人，正是圣明的君主所要责杀的。伊尹、箕子可以称为『谏』，比干、子胥可以称为『诤』，平原君对于赵国，可以称为『辅』，信陵君对于魏国，可以称为『弼』。古书上说：『服从道义，不服从君主。』说的就是这种情况。

坚持正义的臣子得到重用，那么朝廷就不会偏邪不正；劝谏、苦诤、辅助、匡正的人受到信任，那么君主的过错就不会延续很久；勇猛有力的武士被使用，那么仇敌就不敢兴风作浪；边境上的大臣安置好了，那么边境就不会丧失。所以英明的君主喜欢团结别人共事，而愚昧的君主喜欢孤家寡人；英明的君主推崇贤德的人、使用有才能的人而享有他们的成果，愚昧的君主忌妒贤德的人、害怕有才能的人而埋没他们的功绩。惩罚自己的忠臣，奖赏自己的奸贼，这叫作极其昏庸，这就是夏桀、商纣灭亡的原因。

事圣君者，有听从，无谏争；事中君者，有谏争，无谄谀；事暴君者，有补削，无挢拂。迫胁于乱时，穷居于暴国，而无所避之，则崇其美，扬其善，违其恶，隐其败，言其所长，不称其所短，以为成俗。《诗》曰：『国有大命，不可以告人，妨其躬身。』此之谓也。

恭敬而逊，听从而敏，不敢有以私决择也，不敢有以私取与也，以顺上为志，是事圣君之义也。忠信而不谀，谏争而不谄，矫然刚折端志而无倾侧之心，是案曰是，非案曰非，是事中君之义也。调而不流，柔而不屈，宽容而不乱，晓然以至道而无不调和也，而能化易，时关内之，是事暴君之义也。若驭朴马，若养赤子，若食馁人，故因其惧也而改其过，因其忧也而辨其故，因其喜也而入其道，因其怒也而除其怨，曲得所谓焉。《书》曰：『从命而不拂①，微谏而不倦；为上则明，为下则逊。』此之谓也。

事人而不顺者，不疾者也；疾而不顺者，不敬者也；敬而不顺者，不忠者也；忠而不顺者，无功者也；有功而不顺者，无德者也。故无德之为道也，伤疾、堕功、灭苦，故君子不为也。

有大忠者，有次忠者，有下忠者，有国贼者。以德覆君而化之，大忠也；以德调君而辅之，次忠也；

以是谏非而怒之，下忠也；不恤君之荣辱，不恤国之臧否，偷合苟容，以之持禄养交而已耳，国贼也。若周公之于成王也，可谓大忠矣；若管仲之于桓公，可谓次忠矣；若子胥之于夫差，可谓下忠矣；若曹触龙之于纣者，可谓国贼矣。

仁者必敬人。凡人非贤，则案不肖也。人贤而不敬，则是禽兽也；人不肖而不敬，则是狎虎也。禽兽则乱，狎虎则危，灾及其身矣。《诗》曰：『不敢暴虎，不敢冯河②。人知其一，莫知其他，战战兢兢，如临深渊，如履薄冰。』此之谓也。故仁者必敬人。

【注释】

①拂：违抗，违背。

②冯（píng）河：徒步过河。冯，同『凭』。

【译文】

侍奉圣明君主的，有顺从而没有劝谏苦诤；侍奉普通君主的，有劝谏苦诤而没有奉承阿谀；侍奉暴君的，有弥补缺陷除掉过失而没有强行纠正。被逼迫、受挟制地生存在混乱的时代，走投无路地住在暴君统治的国家，而又没有方法避免此种处境，那就推崇他的美德，宣扬他的善德，不提他的罪恶，隐瞒他的失败，称道他的长处，不说他的短处，把这些当作既成习惯。《诗经》上说：『国家有了重大政令，不可把它告诉别人，否则就会危及自身。』说的便是此种情况。

恭敬而又谦虚，顺从而又敏捷地执行命令，不敢再依据私利去决断和选择，不敢再依据私利去取舍，把听从君主作为自己的志向，这是侍奉圣明君主的合宜准则。忠诚守信而不阿谀，劝谏苦诤而不谄媚，强硬地坚决挫败君主，思想端正而没有偏斜不正的念头，对的便说对，错的便说错，这是侍奉普通君主的合宜原则。调和却不随波逐流，温柔却不低头屈服，宽容却不和君主一同胡乱妄为，用最正确的准则去启发君主而没有不协调顺从的，那就能感动改变君主暴虐的本性，时时把正确的准则灌输到他心中去，这是侍奉暴君的合宜准则。侍奉暴君就像驾驭未训练过的马，如同抚养初生的婴儿，如同喂饥饿的人吃东西一样，故而要趁他畏惧的时节使他改正错误，趁他忧虑的时节使他改变过去的做法，趁他高兴的时节使他走入正道，趁他发怒的时节使他除去仇人，如此就能处处达到目的。《尚书》说：『顺从命令而不违背，暗暗规劝而不懈怠；做君主要明智，做臣子要谦虚。』说的便是此种情况。

侍奉君主却不合君主的心意，是由于不积极；积极了却不合君主的心意，是由于不恭敬；恭敬了却不合君主的心意，是由于不忠诚；忠诚了却不合君主的心意，是由于没有功绩；有了功绩却不合君主的心意，是由于没有品德。故而没有品德如果成为一种德行，就会危害积极、毁掉功绩、掩没苦心，故而君子是不干的。

臣子有头等的忠臣，有次等的忠臣，有下等的忠臣，还有国家的奸臣。用礼义之道熏陶君主并感动他，是头等的忠臣；用道德修养感化君主并辅助他，是次等的忠臣；用正确规谏君主的错误却触犯了君主，是下等的忠臣；不顾及君主的荣辱，不顾及国家的安危，行事苟且迎合君主，放弃原则求得容身，以便保有自己的俸禄、豢养结帮的党羽，这种人可叫作国家的贼。像周公对于周成王，能够说是头等的忠臣；像管仲对于齐桓公，能够说是次等的忠臣；像伍子胥对于吴王夫差，能够说是下等的忠臣；像曹触龙对于殷纣王，能够说是国家的贼了。

仁德的人一定尊敬别人。凡人不是贤能的，那就是没有德才的人。别人贤能却不尊敬他，那便是禽兽了；别人没有德才而不尊敬他，那便是戏弄老虎了。人如禽兽就会犯上作乱，戏弄老虎就会十分可危，灾祸就会落在他身上。《诗经·小雅·小旻》中说：『不敢空手打虎，不敢徒步过河。人们只知其一，不知其他。处处要谨慎小心，就像面临深渊，就像脚踩薄冰。』便是说的这个。故而仁德的人一定尊敬别人。

敬人有道：贤者则贵而敬之，不肖者则畏而敬之；贤者则亲而敬之，不肖者则疏而敬之。其敬一也，其情二也。若夫忠信端悫而不害伤，则无接而不然，是仁人之质也。忠信以为质，端悫以为统；礼义以为文①，伦类以为理，喘而言，臑而动，而一可以为法则。《诗》曰：『不僭不贼，鲜不为则。』此之谓也。

恭敬，礼也；调和，乐也；谨慎，利也；斗怒，害也。故君子安礼、乐利，谨慎而无斗怒，是以百举不过也。小人反是。

通忠之顺，权险之平，祸乱之从声，三者，非明主莫之能知也。

争然后善，戾然后功，出死无私，致忠而公，夫是之谓通忠之顺，信陵君似之矣。

夺然后义，杀然后仁，上下易位然后贞，功参天地，泽被生民，夫是之谓权险之平，汤、武是也。

过而同情，和而无经，不恤是非，不论曲直，偷合苟容，迷乱狂生，夫是之谓祸乱之从声，飞廉、恶来是也。

传曰：『斩而齐，枉而顺，不同而壹。』《诗》曰：『受小球大球②，为下国缀旒。』此之谓也。

【注释】

①文：法度，规范。

②球：通『捄』，法度。

【译文】

尊敬别人有必定的准则：对于贤能的人仰慕地尊崇他，对于没有德才的人畏惧地尊崇他；对于贤能的人亲切地尊崇他，对于没有德才的人疏远地尊崇他。尊崇是相同的，实际情况是不同的。至于忠厚守信、正直诚实而不危害别人，那是对待全部的人都如此的，这是仁德之人的本质。以忠诚守信为本体，以正直老实为纲纪，以礼义为规矩，以伦理法律为准则，稍微说一句话，稍微动一动，都能够成为别人效法的榜样。《诗经》上说：『不犯错误不害人，很少不成为标准。』说的便是这种人。

恭恭敬敬，是礼节的本质；协调和谐，是乐曲的效果；谨慎小心，是言行的益处；斗气愤怒，是有害的。君子欢喜礼节，言语谨慎，从不与人斗气愤怒，故而做事从来都没有过错。小人却跟这相反。

让忠诚不被误解而抵达心情畅顺；通过权变化险为夷而抵达局势平安；迎合君意，随声附和一直弄到祸乱起于萧墙，如此三种情况，不是英明的君主是永远弄不清楚的。

通过和君主谏诤此后才能行善，通过违背君主的意愿此后才能立功，豁出性命而没有私心，极为忠诚而忠诚公正，这就称为让忠诚不被误解而顺利达成目标，信陵君就类似于此种人。

通过夺取君权此后才能推行道义，杀掉君主此后才能实现仁德，君臣换了位置此后才能做到有操守，功业与天地并列，恩泽施加到民众，这就称为通过权变化险为夷而抵达局势平安稳定，商汤和周武王便是如此的人。

君主错了却还和他沆瀣一气，附和君主而不讲任何准则，不顾是非，不论曲直，苟且地迎合君主以谋求位置，迷惑昏乱而狂妄无知地想要生活享受，这就称为迎合君意随声附和一直要弄到祸乱起于萧墙，飞廉、恶来便是此种人。

古书上说：『有了参差不齐此后才有整齐，得到了委曲此后才能顺利，有了不同此后才有一致。』《诗经》上说：『接受小法和大法，各国以他为表率。』说的便是此种情况。

致士

第十四

衡听、显幽、重明、退奸、进良之术：朋党比周之誉，君子不听；残贼加累之谮，君子不用；隐忌雍蔽之人，君子不近；货财禽犊之请，君子不许。凡流言、流说、流事、流谋、流誉、流愬，不官而衡至者，君子慎之。闻听而明誉之，定其当而当，然后出其刑赏而还与之。如是，则奸言、奸说、奸事、奸谋、奸誉、奸愬莫之试也。忠言、忠说、忠事、忠谋、忠誉、忠愬莫不明通，方起以尚尽矣。夫是之谓衡听、显幽、重明、退奸、进良之术。

川渊深而鱼鳖归之，山林茂而禽兽归之，刑政平而百姓归之，礼义备而君子归之。故礼及身而行修，义及国而政明，能以礼挟而贵名白，天下愿①，令行禁止，王者之事毕矣。《诗》曰：『惠此中国，以绥四方。』

此之谓也。

川渊者，龙鱼之居也；山林者，鸟兽之居也；国家者，士民之居也。川渊枯则龙鱼去之，山林险则鸟兽去之，国家失政则士民去之。

无土则人不安居，无人则土不守，无道法则人不至，无君子则道不举。故土之与人也，道之与法也者，国家之本作②也；君子也者，道法之总要也，不可少顷旷也。得之则治，失之则乱；得之则安，失之则危；得之则存，失之则亡。故有良法而乱者有之矣，有君子而乱者，自古及今，未尝闻也。传曰：『治生乎君子，乱生乎小人。』此之谓也。

得众动天，美意延年。诚信如神，夸诞逐魂。

人主之患，不在乎不言用贤，而在乎不诚必用贤。夫言用贤者，口也；却贤者，行也；口行相反，而欲贤者之至、不肖者之退也，不亦难乎！

夫耀蝉者务在明其火、振其树而已，火不明，虽振其树，无益也。今人主有能明其德者，则天下归之若蝉之归明火也。

【注释】

①愿：仰慕。

②作：开始。

【译文】

全面吸取意见，使隐匿的贤士声誉显扬，使任职的贤士获得重用，屏退奸邪，选拔贤良的方法：对结党营私互相吹捧的，君子不听取；对残害诬陷加罪贤能的，君子不采纳；对猜忌埋没贤才的人，君子不亲近；对用财物金钱进行贿赂的，君子不答应。凡是无依据的流言、无依据的学说、无依据的事情、无依据的计谋、无依据的名誉、无依据的诉说，不经官方正当途径而从四面传播的，君子要慎重对待，听说后一一公开列举出来，确定它们恰当或不恰当，尔后对它们做出赏罚并很快付诸实施。如果这样，那么奸伪的言论、奸伪的学说、奸伪的事情、奸伪的计谋、奸伪的名声、奸伪的诉说就没有敢来试探的了。诚实的言论、诚实的学说、诚实的事情、诚实的计谋、诚实的名誉、诚实的诉说就没有不公开表达的，所以畅通无阻，并全都上达君主了。这便是所说的全面听取意见，使隐匿的贤士声誉显扬，使任职的贤士获得重用，摒弃奸邪，选拔贤良的方法。

江河湖泊水很深，鱼鳖就趋归那儿；高山林木很茂盛，禽兽就趋归那儿；刑罚政令公正平和，百姓就归附那儿；礼义完备，君子就归附那儿。所以用礼制约束自身，人的品行就美好；道义贯彻到国家，政治就清明；要是可以普遍施行礼义，高贵的名声就会显扬，天下的人就会羡慕，有令必行、有禁必止，称王天下的事就具备了。《诗经·大雅·民劳》中说：『惠爱国都的人，以便安抚四方。』便是说的这个道理。

江河湖泊，是龙、鱼潜藏的处所；高山林木，是鸟、兽居留的处所；国家，是士子、民众居住的处所。江河湖泊干涸，龙、鱼就会远离它；高山林木环境险恶，鸟、兽就会远离它；国家政治混乱，士子、民众也会远离它。

没有国土，百姓就不可以安居；没有百姓，国土就不可以保存；没有政治思想的总准则和法律法令，百姓就不会依附；没有君子，政治思想的总准则和法律法令就不能实行。故而，国土和百姓，政治思想的总准则和法律法令，是国家的根本；而君子，是政治思想总准则和法律法令的总管，片刻也不能缺少。获得君子，国家就安定；失掉君子，国家就混乱；获得君子，国家就安全；失掉君子，国家就危险；获得君子，国家就存在；失掉君子，国家就灭亡。

获得百姓就能够改天动地，精神愉快就能够延年益寿。真诚信实就能够应付自如，虚夸狂妄就将伤神。

君主的毛病，不在于嘴上不说重用贤人，而在于不真正地任命贤人。说要任命贤人的，是嘴；拒绝贤人的，是行为。嘴与行为相反，却想要贤能的人到来，不贤的人退去，不是太难了吗？

那些点着火把捕蝉的人，一定做到使他的火把明亮，此后震动一下树干。火把不明亮，就算摇动那树干，也无济于事。如今君主有能够显示出他的美德的，天下的人就会顺从他，就像蝉归向明亮的火光一般。

临事接民，而以义变应，宽裕而多容①，恭敬以先之，政之始也。然后中和察断以辅之，政之隆也。然后进退诛赏之，政之终也。

故，一年与之始，三年与之终，用其终为始，则政令不行，而上下怨疾，乱所以自作也。《书》曰：『义刑义杀，勿庸以即，女唯曰，未有顺事。』言先教也。

程者，物之准也；礼者，节之准也。程以立数，礼以定伦；德以叙位，能以授官。凡节奏欲陵，而生民欲宽。节奏陵而文，生民宽而安。上文下安，功名之极也，不可以加矣。君者，国之隆也；父者，家之隆也。隆一而治，二而乱。自古及今，未有二隆争重而能长久者。

师术有四，而博习不与焉。尊严而惮，可以为师；耆艾而信，可以为师；诵说而不陵不犯，可以为师；

知微而论，可以为师。故师术有四，而博习不与焉。水深而回，树落则粪本，弟子通利则思师。《诗》曰：『无言不雠②，无德不报。』此之谓也。

赏不欲僭，刑不欲滥。赏僭则利及小人，刑滥则害及君子。若不幸有过，宁僭无滥；与其害善，不若利淫。

【注释】

①多容：指广泛地容纳贤人。

②雠：回答，回应。

【译文】

处理政事、接触民众时，根据道义变通地来应付各种事情，态度宽容而不急躁而且广泛地容纳贤人，用恭敬的态度去引导老百姓，这是处理政事开端的步骤。此后用中正和顺的观察决断做辅助，这是处理政事的中间步骤。此后任用贤能的人，罢黜奸邪的人，惩罚有罪过的人，奖励功臣，这是处置政事的终结步骤。故而，第一年实施第一步，第三年才实施最后一步。要是把最后一步用作为第一步，那么政策法令就不能实行，而官民上下也会非常怨恨，这就是动乱会从此处产生的缘由。《尚书》上说：『就算是合宜的刑罚、合理的杀戮，也不马上就执行，你只可说：「我还没有把政事治理好。」』这是说应当先进行教育。

度量衡，是测量物品的准则；礼制，是确定礼节礼仪等法度的准则。根据度量衡来确定物品的数量，依据礼制来确定人与人之间的人伦等级关系；依据品德来依次排列级别地位，依据能力来授予官职。凡是礼节礼仪等制度要严格，而养育人民要宽容和缓。礼节礼仪制度严格，就有条理；养育人民宽容，就安定。

上面有条理，下面安定，这是立功成名的最高境界，不能够再有比这个更高的了。君主，是国家的最高权威；父亲，是家庭中的最高权威。只有一个最高权威就安定；要是同时有两个最高权威，就会发生混乱。从古至今，还没有两个拥有最高权威的人相互夺取权力而能长治久安的国家和家庭。

成为老师的方法有四种，而博学并不包括在其中。尊严而使人害怕，能够成为老师；年老而有威信，能够成为老师；诵读解说经典而在行为上不超越、不违犯它，能够成为老师；晓得精微的道理而又能加以阐述，能够成为老师。故而成为老师的办法有四种，而博学并不包括在其中。水深了就会打旋，树叶落下就给树根施了肥，学生显耀得利了就会想到老师。《诗》云：『说话总会有回答，施恩总会有报答。』说的便是此种道理啊。

奖赏不要过分，惩罚不要过分。奖赏过分使小人也得到利益，惩罚过分使君子也受到伤害。要是不幸而过了分，那么宁愿奖赏过分也不要惩罚过分。与其危害好人，倒不如让犯罪的人占点便利。

议兵

第十五

临武君与孙卿子议兵于赵孝成王前。王曰：『请问兵要。』

临武君对曰：『上得天时，下得地利，观敌之变动，后之发，先之至，此用兵之要术也。』

孙卿子曰：『不然。臣所闻古之道，凡用兵攻战之本在乎壹民。弓矢不调，则羿不能以中微；六马不和，则造父不能以致远；士民不亲附，则汤、武不能以必胜也。故善附民者，是乃善用兵者也。故兵要在乎善附民而已。」

临武君曰：「不然。兵之所贵者，势利也；所行者，变诈也。善用兵者，感忽[1]悠暗，莫知其所从出。孙、吴用之，无敌于天下。岂必待附民哉？」

孙卿子曰：「不然。臣之所道，仁人之兵、王者之志也。君之所贵，权谋势利也；所行，攻夺变诈也，诸侯之事也。仁人之兵，不可诈也；彼可诈者，怠慢者也，路亶者也，君臣上下之间涣然有离德者也。故以桀诈桀，犹巧拙有幸焉；以桀诈尧，譬之，若以卵投石、以指挠沸，若赴水火、入焉焦没耳！故仁人上下，百将一心，三军同力，臣之于君也，下之于上也，若子之事父、弟之事兄，若手臂之捍头目而覆胸腹也；诈而袭之与先惊而后击之，一也。且仁人之用十里之国，则将有百里之听；用百里之国，则将有千里之听；用千里之国，则将有四海之听；必将聪明警戒，和传而一。故仁人之兵，聚则成卒，散则成列；延则若莫邪之长刃，婴[2]之者断；兑则若莫邪之利锋，当之者溃；圜居而方止，则若盘石然，触之者角摧，案角鹿埵、陇种、东笼而退耳。且夫暴国之君，将谁与至哉？彼其所与至者，必其民也；而其民之亲我欢若父母，其好我芬若椒兰，彼反顾其上，则若灼黥，若仇雠；人之情，虽桀、跖，岂又肯为其所恶、贼其所好者哉？是犹使人之子孙自贼其父母也，彼必将来告之，夫又何可诈也？故仁人用，国日明，诸侯先顺者安，后顺者危，虑敌之者削，反之者亡。《诗》曰：「武王载发，有虔秉钺；如火烈烈，则莫我敢遏。」此之谓也。」

【注释】

①感（hàn）忽：模糊不清，指难以捉摸。

②婴：通“撄”，碰，触犯。

【译文】

临武君和荀子在赵孝成王跟前商讨怎样用兵的问题。赵孝成王问道：“请问用兵的要领是什么呢？”

临武君答复道：“上获得有利于攻战的自然气候条件，下获得地理上的有利形势和有利条件，考察好敌人的变动情况，拥有了这几个方面的条件之后再发兵，在这几个方面的条件拥有以前要做充分的考虑。这便是用兵的要领。”

荀子说：“不对。我所听说的古代的用兵办法是：大凡用兵打仗最关键的就在于使民众和自己团结一致。要是弓箭不协调，那么后羿也不能用它来射中微小的目标；要是为君王驾车的六匹马不协调，那么造父也不能靠它抵达远方；要是百姓不亲近归附君主，那么商汤、周武王也不能必定打胜仗。故而擅长使百姓归附自己的人，这才是擅长用兵的人。故而用兵的要领就在擅长使百姓依靠自己。”

临武君说：“错了。用兵所看重的，是形势和条件有利；所施行的，是变化无常而又隐秘诡诈的计谋与行为。擅长用兵的人，行动迅速，神秘莫测，没有人晓得他们是从什么地方出来的。孙武、吴起运用了此种战术法，所以无敌于天下。这哪里是必须使民众归附的办法呢？”

荀子说：“错了。我所说的，是仁义之人的军队，是称王天下的君主的意志。您所看重的是权变谋略、形势有利，所施行的是攻取抢夺、机变诡诈的计谋和行为，这些全是诸侯干的事。仁义之人的军队，是不能够使用诡诈的计谋与行动的；那些能够被欺诈的，不过一些懈怠大意的军队，羸弱疲惫的军队，君臣上下之间涣散而离心离德的军队。不过用桀之类的人来欺骗桀之类的人，还因为巧拙不同而又侥幸获胜的；

要是用桀之类的人来欺骗尧之类的人，举个例子来说，就如同用鸡蛋砸石头、用手指搅动沸腾的水，就如同投身水火，一进去就会被烧焦、就会被淹没的啊。故而，仁德之人上下之间，各位将领齐心一致，三军共同努力，臣子对君主，下级对上级，就像儿子照管父亲、弟弟照管兄长一般，就像手臂捍卫脑袋眼睛、庇护胸部腹部一般，故而用欺诈的办法袭击他与先惊动他之后再攻击他，那最终是一样的。何况仁义之人管理方圆十里的国家，就会知道方圆百里的情况；管理方圆百里的国家，就会知道方圆千里的情况；管理方圆千里的国家，就会知道天下的情况。他的军队必定是耳聪目明，警惕戒备，协调团结而齐心一致的。故而仁德之人的军队，会集起来就成为有组织的队伍；分散开来便成为整齐的行列；伸展开来就如同镆铘宝剑那长长的刃口，遇到它的就会被截断；向前冲刺就如同镆铘宝剑那锐利的锋芒，阻挡它的就会被击溃；摆成圆形的阵势停留或排成方形的队列站住，就像磐石一般岿然不动，触犯它的就会头破血流，就会稀里哗啦地败退下来。何况，那些强暴之国的君主，将有谁和他共同来作战呢？从他那边来看，和他共同来的，必定是他统治下的百姓；而他的民众却亲近我们，高兴得就像看到自己的父母一般，他们欢喜我们，就像酷爱芳香的椒、兰一般。而他们回头看见他们的国君，他们的君主就像皮肤被火烧烤了，就像受过黥一般可怕，他们看见君主就像看见了仇人一般愤怒。这些人的情性就算像夏桀、盗跖那般残暴贪婪，难道肯为自己所讨厌的而去伤害自己所欢喜的吗？这就像让人家的子孙去自己危害自己的父母一般，他们一定会来相告，又如何能施行诡诈呢？故而，仁人治国，国家就会日益昌盛，诸侯各国，先顺从的就安定，后归顺的就危险，与仁人之国为敌的就削弱，违背仁人之国的就消亡。《诗经·商颂·长发》说：「周武王高举大旗，威严而又真诚，手执大斧，气势如熊熊烈火，没有人敢抵抗我们。」说的便是此种情况。』

孝成王、临武君曰：『善。请问王者之兵，设何道何行而可？』

孙卿子曰：『凡在大王，将率末事也。臣请遂[1]道王者诸侯强弱存亡之效，安危之势。君贤者，其国治；君不能者，其国乱。隆礼贵义者，其国治；简礼贱义者，其国乱。治者强，乱者弱，是强弱之本也。上足卬则下可用也，上不足卬则下不可用也。下可用则强，下不可用则弱，是强弱之常也。隆礼效功，上也；重禄贵节，次也；上功贱节，下也；是强弱之凡也。好士者强，不好士者弱；爱民者强，不爱民者弱；政令信者强，政令不信者弱；民齐者强，不齐者弱；赏重者强，赏轻者弱；刑威者强，刑侮者弱；械用兵革攻完便利者强，械用兵革窳楛不便利者弱；重用兵者强，轻用兵者弱；权出一者强，权出二者弱，是强弱之常也。

『齐人隆技击。其技也，得一首者，则赐赎锱金，无本赏矣。是事小敌毳，则偷[2]可用也；事大敌坚，则涣焉离耳，若飞鸟然，倾侧反复无日，是亡国之兵也。兵莫弱是矣，是其去赁市佣而战之几矣。

『魏氏之武卒，以度取之，衣三属之甲，操十二石之弩，负服矢五十个，置戈其上，冠軸带剑，赢[3]三日之粮，日中而趋百里，中试则复其户，利其田宅。是数年而衰，而未可夺也，改造则不易周也。是故，地虽大，其税必寡，是危国之兵也。

『秦人，其生民也陿阸，其使民也酷烈，劫之以势，隐之以阸，忸之以庆赏，鰌之以刑罚，使天下之民所以要利于上者，非斗无由也。阸而用之，得而后功之，功赏相长也。五甲首而隶五家，是最为众强长久，多地以正。故四世有胜，非幸也，数也。』

【注释】

①遂：全面地。

②偷：勉强的意思。

③赢：带着。

【译文】

孝成王、临武君说：“好，请教称王天下的君王，用兵采取什么办法，怎样行动才行呢？”

荀子说：“全都在于君王，将帅全是次要的。请允许我全面地谈谈称王天下的君主与诸侯强弱存亡的效应和他们安危的形势。君主英明的，他的国家就安定；君主无能的，他的国家就混乱。推崇礼义的，他的国家就安定；懈怠轻贱礼义的，他的国家就混乱。安定的国家强大，混乱的国家衰弱，这是强弱的关键缘由。君主足以被仰慕，那么下面的民众就能够供君主使用；君主不能够被仰慕，那么下面的民众就不能够被君主所使用。下面的民众能够供君主使用的国家就强大，下面的民众不能够被君主所使用的国家就衰弱；这是国家强弱的规矩。崇尚礼义，论功行赏，是上策；看重利禄，注重法度，是次等的策略；推崇战功，轻贱法度，是下策。这是国家强弱的根本。欢喜人才的国家强大，不欢喜人才的国家就衰弱；爱护民众的国家强大，不爱护民众的国家衰弱；政令讲信用的国家强盛，政令不讲信用的国家衰弱；民众一致的国家强大，民众不一致的国家衰弱；奖赏丰厚的国家强大，奖赏微薄的国家衰弱；惩罚威严的国家强大，惩罚轻慢的国家衰弱；每种枪械、用具、武器、盔甲等坚固适用的国家强大，每种枪械、用具、武器、盔甲等粗劣不牢固的国家衰弱；用兵谨慎的国家强盛，用兵轻率的国家衰弱；权力汇集的国家强大，权力分散的国家衰亡。这是国家强弱的规矩。

『齐人推崇以勇力斩杀敌人的首级。它的方法是：获得敌人一个首级，就赏赐赎金八两，却不发给因打胜仗而应给予的奖赏。此种办法，对于小规模的战争和脆弱的敌人，还能够勉强使用；对于大规模的战争和强大的敌人，就会军心涣散，像飞鸟一般，不用多久时间就会失败，这是亡国的军队。没有比这更差的军队了。这与同租赁雇佣市场上等候雇用的人作战差不多。

『魏国的武士，用考试、考核的方法来选择。穿上三件一套的护身甲，拿着必须千斤力量才能拉开的强弓，背着装有五十支箭的箭袋，再把长枪放在上面，戴着头盔、宝剑，带上三天的口粮，半天之内赶一百里，被选中的，就免去他家的徭役，免去他家的田宅税。这些武士过几年就衰老了，他所享有的权利却不能夺去，另外选择人又难以全都满足条件。故而，魏国的国土即使辽阔，它的税收却一定很少，这是危及国家的军队。

『秦国的君主，他使百姓谋生的道路很狭窄，生存很穷窘，他使用百姓残酷严厉，用权力威逼他们打仗，用穷困使他们生计艰难而只能去打仗，用奖赏使他们习惯于打仗，用刑罚强迫他们去打仗。使国内的百姓向君主求取利禄的办法，除了打仗就没有别的途径；使百姓穷困后再使用他们，得胜后再给他们记功，对功劳的奖励随着功劳而增长，获得五个敌人士兵的首级就能够役使本乡的五户人家。这秦国要算是兵员最多、战斗力最强而又最为长久的了，又有很多土地能够征税，故而秦国四代都有成功的战果，这并不是由于侥幸，而是有其必然性的。』

『故齐之技击不可以遇[1]魏氏之武卒，魏氏之武卒不可以遇秦之锐士，秦之锐士不可以当桓、文之节制，桓、文之节制不可以敌汤、武之仁义，有遇之者，若有焦熬投石焉。兼是数国者，皆干赏蹈利之兵也，佣徒鬻卖之道也，未有贵上、安制、綦节之理也，诸侯有能微妙之以节，则作而兼殆之耳！故招近募选，隆势诈，尚功利，是渐之也；礼义教化，是齐之也。故以诈遇诈，犹有巧拙焉；以诈遇齐，辟之犹以锥刀堕太山也，非天下之愚人莫敢试。故王者之兵不试。汤、武之诛桀、纣也，拱揖指麾，而强暴之国莫不趋使，诛桀纣若诛独夫。故《泰誓》曰「独夫纣」，此之谓也。故兵大齐则制天下，小齐则治邻敌，若夫招近募选，隆势诈，尚功利之兵，则胜不胜无常，代翕代张，代存代亡，相为雌雄耳矣。夫是之谓盗兵，君子不由也。

『故齐之田单、楚之庄蹻、秦之卫鞅、燕之缪虮，是皆世俗之所谓善用兵者也，是其巧拙强弱则未有以相君也，若其道一也，未及和齐也；掎契司诈，权谋倾覆，未免盗兵也。齐桓、晋文、楚庄、吴阖闾、越勾践是皆和齐之兵也，可谓入其域矣，然而未有本统[2]也；故可以霸而不可以王，是强弱之效也。』

【注释】

①遇：遭遇，这里是抵挡的意思。

②本统：根本。

【译文】

『故而，齐国凭勇力去取胜的士兵，不可以抵挡魏国的武士；魏国的武士，不可以抵挡秦国精锐的士兵；秦国的士兵，不可以抵挡齐桓公、晋文公有纪律有修养的军队；齐桓公、晋文公有纪律有修养的军队，不能够抵抗商汤王、周武王的仁义之师。抵抗他们，就会像把火烤焦枯的东西投向石头一般。这些国家的军队，全是追求赏赐、贪图利益的军队，是受雇用的人出卖力气的办法，他们没有尊敬君主、安于法制、极尽礼义气节的理性。诸侯中有可以尽善尽美地用礼义统帅士兵的，就能一下歼灭这全部的国家。故而，招引、募集、选拔士兵，崇尚威势与欺诈，推崇功利的，是欺诈民众；运用礼义教化，这才是使民众团结的方法。故而，用诡诈去抵挡诡诈，还有高明与拙劣的分别；而用诡诈去抵挡团结的，就好像用小刀去毁坏泰山一般，不是天下最愚蠢的人是没有人敢做这种试探的。故而，称王天下的君主的军队不去做此种试探。商汤王周武王诛伐桀纣时，从容自如地指挥，而那些强暴的国家也没有不来接受驱赶的。诛伐桀纣，如同诛伐「独夫」。故而，《尚书·泰誓》说「纣王独夫」，说的便是这个道理。故而，军队能够齐心协力，就能制服天下；可以达到一般程度的统一，就能打败邻近的敌国。至于那些招引募求挑选来的、看重权谋诡诈、崇尚功利的军队，那胜负就没有个准则了，时而强盛时而衰弱，时而存在时而灭亡，互为高下、互有胜负罢了。这称为盗贼式的军队，君子是不用此种军队的。

『故而，齐国的田单、楚国的庄蹻、秦国的卫鞅、燕国的缪虮，这些都是普通人所说的善于用兵的人。他们的巧妙、拙劣、强大、弱小还不分上下，至于他们遵行的准则，却是相同的，不过他们都还没有达到使士兵和衷共济、齐心协力的地步，不过抓住对方弱点伺机进行欺诈，玩弄权术阴谋进行颠覆，故而仍免不了是些盗贼式的军队。齐桓公、晋文公、楚庄王、吴王阖闾、越王勾践，这些人的军队就全是和衷共济、齐心协力的军队，能够说是进入礼义教化的境地了，但还没有抓住关键的纲领，故而能够称霸诸侯而不能够称王天下。这便是国家或强或弱的效验。』

孝成王、临武君曰：『善。请问为将。』

孙卿子曰：『知莫大乎弃疑，行莫大乎无过，事莫大乎无悔。事至无悔而止矣，成不可必也。故制号政令，欲严以威；庆赏刑罚，欲必以信；处舍收臧，欲周以固；徙举进退，欲安以重，欲疾以速；窥敌观变，欲潜以深，欲伍以参；遇敌决战，必道吾所明，无道吾所疑；夫是之谓六术。无欲将而恶废，无急胜而忘败，无威内而轻外，无见其利而不顾其害，凡虑事欲孰而用财欲泰，夫是之谓五权。所以不受命于主有三：可杀而不可使处不完，可杀而不可使击不胜，可杀而不可使欺百姓，夫是之谓三至。凡受命于主而行三军，三军既定，百官得序，群物皆正，则主不能喜，敌不能怒，夫是之谓至臣。虑必先事而申之以敬，慎终如始，终始如一，夫是之谓大吉。凡百事之成也必在敬之，其败也必在慢之，故敬胜怠则吉，怠胜敬则灭，计胜欲则从，欲胜计则凶。战如守，行如战，有功如幸。敬谋无圹①，敬事无圹，敬吏无圹，敬众无圹，敬敌无圹，夫是之谓五无圹。慎行此六术、五权、三至，而处之以恭敬无圹，夫是之谓天下之将，则通于神明矣。』

临武君曰：『善！请问王者之军制。』

孙卿子曰：『将死鼓，御死辔，百吏死职，士大夫死行列。闻鼓声而进，闻金声而退，顺命为上，有功次之；令不进而进，犹令不退而退也，其罪惟均。不杀老弱，不猎②禾稼，服者不禽，格者不舍，奔命者不获。凡诛，非诛其百姓也，诛其乱百姓者也；百姓有捍其贼，则是亦贼也。以故顺刃者生，苏刃者死，奔命者贡。微子开封于宋，曹触龙断于军，殷之服民所以养生之者也无异周人。故近者歌讴而乐之，远者竭蹷而趋之，无幽闲辟陋之国，莫不趋使而安乐之，四海之内若一家，通达之属莫不从服，夫是之谓人师。《诗》曰：「自西自东，自南自北，无思不服。」此之谓也。王者有诛而无战，城守不攻，兵格不击，上下相喜则庆之。不屠城，不潜军，不留众，师不越时，故乱者乐其政，不安其上，欲其至也。」

临武君曰：「善！」

【注释】

①圹：通「旷」，松懈。

②猎：践踏。

【译文】

孝成王、临武君说：「讲得好。请教做将领的准则。」

荀子说：「将领最高的智慧莫过于放弃尚存疑虑的打算，最重要的行为莫过于不出错误，最重要的事莫过于不后悔。做事做到了无可后悔的地步就行了，成功并不是必不可少的。故而，制度、号召、政策、命令，要严肃而有威势；奖励惩罚，要坚决实行而有信用；军队驻扎的营垒和收藏物资的军库，要周密而牢固；军队的转移、发动、进攻、撤退，既要安全而稳重，又要紧张而快速；侦察敌情、观察其变动，既要隐蔽而深入，又要多方比较而多次检验；碰到敌人，想好战略战术，必须依据自己已经明白清楚的情形来决定，不要依据自己都还感到疑惑的情形来决定；以上这些就称为六种战术准则。不要热衷于当将军而又怕被罢免，不要急于求胜而忘记了有可能失败，不要认为自己有威力而轻视外敌，不要看到了那有利的一面而不顾那有害的一面，但凡考虑事情都要深思熟虑，而使用财物进行奖励时要慷慨大方，这些称为五种权术。故而，将领不从君主那里接受命令的缘故有三种：宁愿被杀也不使自己的军队驻扎在守备不坚固的地方，宁愿被杀也不使自己的军队去攻击注定无法战胜的军队，宁愿被杀也不使自己的军队去欺负民众。

这就称为三项最高的准则。但凡从君主那里接受了命令就去统率三军的将领，把三军安排妥当，军中的各级军官都各司其职，各方面的事情都可以正常地运转，此时，君主的奖赏不会使他沾沾自喜，敌人的奸计就不能使他愤怒，这就称为最合格的将领。必须在战事之前深思熟虑，而且反复告诫自己要谨慎，谨慎地对待结束就像开始时一般，始终如一，这称为最大的吉利。大凡各种事情成功一定是因为慎重，失败一定是因为怠慢，所以慎重胜过怠慢就会吉利，怠慢胜过慎重就会灭亡，计谋胜过欲望就会顺利，欲望胜过计谋就会凶险。攻战如同防守一般不能轻率进击，行军如同攻战一般不能丝毫松懈，有了战功如同侥幸取得一般不能骄傲。慎重谋划而不能疏忽，慎重作战而不能疏忽，慎重对待军吏而不能疏忽，慎重对待兵士而不能疏忽，慎重对待敌人而不能疏忽，这就称为五种不疏忽。谨慎地实行这六术、五权、三至，而且用恭敬而不疏忽的态度处理事情，这就称为无敌天下的将军，且同神明相通了。』

临武君说：『好。请教称王天下者的军队制度如何？』

孙卿子答复道：『将军死在击战鼓的时节，驾驭战车的死在握缰绳的时节，各级官吏以身殉职，士兵死在队列中。听到击鼓声而冲锋前进，听到鸣金声而停止进军；听从命令是第一，获得战功是其次；命令不许前进而前进，就像不许后退而后退，两者的罪过是一样的。不杀害年老体弱的，不践踏庄稼，对不战自退的敌人不捉拿，对抵抗的敌人不放过，对前来投顺的敌人不把他当作俘虏。但凡讨伐杀戮，不杀害那些民众，而是诛杀扰民众的人；民众中如果有保护那些贼寇的，那么他也就是贼寇了。由于这个原因，故而不战而退的就让他活命，顽强抵抗的就把他杀死，前来投顺的就免去他的罪过。微子启归附周朝而被封在宋国；曹触龙负隅顽抗而死在军中；商王朝那些归附的民众，周朝对他们的养育，与对周朝的人没有什么不一样，故而近处的人讴歌周朝并且欢迎周朝，远处的人不怕路途遥远艰辛来归附它，不管是多么偏僻边远的国家，没有不接受他的驱使而乐于、安于受到它的统治的。四海之内就像一个家庭一般，只要有人迹的地方就没有不服从的，这能够称为是百姓的君长了。《诗经》说：「从西到东，从南到北，没有谁不服从。」说的便是此种情形。称王天下的君主只有讨伐不义而没有攻战，敌人坚守城池之时不敢进攻，敌军顽强抵抗的时候不出击，敌人官兵上下同心应当为他们庆贺，不摧毁城郭、屠杀居民，不秘密出兵偷袭，不把军队长期留在外面，军队出征不超过规定的时间。故而政治混乱的国家中的民众都欢喜他的这些政策，而不爱自己的君主，都想要他的到来。』

临武君说：『讲得好！』

陈嚣问孙卿子曰：『先生议兵，常以仁义为本。仁者爱人，义者循理，然则又何以兵为？凡所为有兵者，为争夺也。』

孙卿子曰：『非女所知也。彼仁者爱人，爱人，故恶人之害之也；义者循理，循理，故恶人之乱之也。彼兵者，所以禁暴除害也，非争夺也。故仁人之兵，所存者神，所过者化，若时雨之降，莫不说喜。是以尧伐驩兜，舜伐有苗，禹伐共工，汤伐有夏，文王伐崇，武王伐纣，此两帝、四王皆以仁义之兵行于天下也。故近者亲其善，远方慕其义；兵不血刃，远迩来服；德盛于此，施①及四极。《诗》曰：「淑人君子，其仪不忒。」此之谓也。』

李斯问孙卿子曰：『秦四世有胜，兵强海内，威行诸侯，非以仁义为之也，以便从事而已。』

孙卿子曰：『非女所知也。女所谓便者，不便之便也。吾所谓仁义者，大便之便也。彼仁义者，所以修政②者也；政修则民亲其上，乐其君而轻为之死。故曰：「凡在于军，将率末事也。」秦四世有胜，諰諰然常恐天下之一合而轧己也，此所谓末世之兵，未有本统也。故汤之放桀也，非其逐之鸣条之时也；武王之诛纣也，非以甲子之朝而后胜之也。皆前行素修也，此所谓仁义之兵也。今女不求之于本而索之于末，此世之所以乱也。』

【注释】

①施：蔓延，延续。

②修政：指将政事处理好。

【译文】

陈嚣问荀子道：『先生谈论用兵，经常把仁义作为关键。仁者爱人，义者遵循道理，既然如此，那么又为何要用兵呢？大凡用兵的原因，便是为了争夺啊。』

荀子说：『这道理不是你所清楚的。那仁者爱人，正由于爱人，故而就憎恶恶人去害人；义者遵循道理，正由于遵循道理，故而就憎恶恶人去祸乱人。他们用兵，是想要禁止横暴、消除危害，并不想要争夺啊。故而仁人的军队，他们所驻守、所统辖的地方会获得全面的管理，他们经过的地方，民众会受到教育感化，就像及时雨的降落，没有人不高兴的。故而，尧讨伐驩兜，舜讨伐三苗，禹讨伐共工，汤讨伐夏桀，周文王讨伐崇国，周武王讨伐商纣，这两帝、四王全是依靠仁义的军队而驰骋于天下的。故而近处的人喜爱他们的善良，远方的人仰慕他们的仁德；兵器的刀口上还没有沾上鲜血，远近的人就来投奔了。德行美好到了此种程度，影响就会遍及到四方极远的处所。《诗经》上说：「仁人君子，他的礼义没有错误。他的礼义没有错误，能够管理四方的国家。」说的便是此种情形啊。』

李斯请教荀卿说：『秦国四代都有胜利成就，四海之内兵力最强，权威扩张到诸侯各国，但秦国并不是凭借仁义进行战争，而只是依据实用准则攻城掠地罢了。』

荀卿答复道：『这道理不是你能弄懂的。你所说的实用，是一种并不适当的实用。我所说的仁义，才是极为适当的实用。仁义是用来搞好政治的；政治搞好了，百姓就会亲近自己的君主，欢喜自己的君主，就不会在乎为国牺牲。故而：「全部关于军队的事，将帅都是次要的。」秦国连续四代节节胜利，却仍然经常提心吊胆，害怕天下各国团结起来蹂躏自己，这便是人们所说的衰乱时代的军队，抓不住政治的关键要领。从前商汤流放夏桀，并不只是在他被驱逐到鸣条的时期；武王诛杀殷纣王，并不是甲子日早晨一下子就打败了他。他们全是靠了此前的措施和平时的管理，这便是我所说的正义之师。如今你不从根本上看问题而不过在细枝末节看问题，这便是社会混乱的缘由呀。』

礼者，治辨之极也，强国之本也，威行之道也，功名之总也。王公由之，所以得天下也；不由，所以陨社稷也。故，坚甲利兵，不足以为胜；高城深池，不足以为固；严令繁刑，不足以为威。由其道则行，不由其道则废。

楚人鲛革犀兕以为甲，鞈如金石，宛钜铁钝，惨如蜂虿，轻利僄遬①，卒如飘风，然而兵殆于垂沙，唐蔑死，庄蹻起，楚分而为三四。是岂无坚甲利兵也哉？其所以统之者非其道故也。汝、颍以为险，江、汉以为池，限之以邓林，缘之以方城，然而秦师至而鄢、郢举，若振槁然。是岂无固塞隘阻也哉？其所以统之者非其道故也。纣刳比干，囚箕子，为炮烙刑，杀戮无时，臣下懔然莫必其命，然而周师至，而令不行乎下，不能用其民。是岂令不严、刑不繁也哉？其所以统之者非其道故也。

古之兵，戈矛弓矢而已矣。然而，敌国不待试而诎；城郭不辨②，沟池不拑，固塞不树，机变不张，然而国晏然不畏外而明内者，无它故焉，明道而分钧之，时使而诚爱之，下之和上也如影响。有不由令者，然后诛之以刑，故刑一人而天下服。罪人不邮其上，知罪之在己也，是故刑罚省而威流，无它故焉，由其道故也。古者，帝尧之治天下也，盖杀一人、刑二人，而天下治。传曰：『威厉而不试，刑错而不用。』此之谓也。

【注释】

①僄遬：轻巧迅速。

②辨：修理，修固。

【译文】

礼，是治理国家的最高原则，是强盛稳固国家的关键，是威力盛行的方法，是建立功名的纲要。天子诸侯遵从它，故而统一了天下；不遵从它，故而毁灭了国家。故而，坚固的铠甲，锋利的兵器，不能够获得胜利；高高的城墙，深深的护城河，不能够巩固国防严酷的法令，繁多的刑罚，不能够形成威力。遵从礼这一方法这所有的才能做到。不遵循礼这一切都会废止。

楚国人用鲨鱼皮、犀牛与兕的皮做铠甲，坚硬得像金石一般，用宛地生产的刚硬的铁做矛，惨毒得像蜂和蝎之类的毒虫一般，士兵行为轻快敏捷，突然来去像疾风，不过终于在垂沙兵败，大将唐蔑战死，庄蹻起兵造反，楚国便四分五裂了。这难道是没有坚硬的铠甲、锋利的兵器吗？是由于他们统治自己的国家没有遵从礼的方法的原因。汝水、颍水作为天险，长江、汉水作为护城河，邓县的山林作为屏障，方城山围绕着，不过秦军一到，鄢、郢就被攻占，就像枯叶被击落一般。这难道是没有坚固的要塞、险要的地形吗？是由于他们统治自己的国家没有遵从礼的方法的原因。商纣王将比干剖腹挖心，囚禁了箕子，还施行了炮烙的酷刑，随意杀戮，臣下都战战兢兢，不晓得是否必定能保住自己的性命，不过周朝的军队一到，商纣王的命令就不能在下面贯彻执行了，就不能驱使他的民众了。这难道是由于法令不严酷、刑罚不繁多吗？这是由于他用来统治国家的方法并不是礼义之道的原因。

古代圣王的兵器，不过是些戈、矛、弓、箭罢了，不过敌国不等他运用就屈服了；他的城墙还没有整修，护城河还没有挖掘，坚固要塞还没有建立，机智变诈没有施展，不过他的国家却平安无事地不怕外敌而又能昌盛，这没有其他的原因，是由于使民众明确了礼义之道并且按照名分等级来协调臣民，适时使用民众而真诚地爱护他们，故而臣民附和君主就像影子跟随形体、回声响应声音一般。有不听从命令的，然后再用刑罚来惩罚他，故而惩罚了一个人而天下都服了，犯罪的人也不怨恨自己的君主，晓得罪责在自己身上。故而刑罚用得少而威力却像流水一般畅通无阻，这没有其他的原因，是由于遵行了礼义之道。古代帝尧管理天下时，只杀了一个人、惩罚了两个人就把天下管理好了。古书上说：『威势严正而不运用，刑罚设置而不施行。』说的便是此种情形。

凡人之动也，为赏庆为之，则见害伤焉止矣。故赏庆、刑罚、势诈不足以尽人之力、致人之死。为人主上者也，其所以接下之百姓者，无礼义忠信焉，虑率用赏庆、刑罚、势诈除阨其下获其功用而已矣。大寇则至，使之持危城，则必畔；遇敌处战，则必北；劳苦烦辱，则必犇；霍焉离耳，下反制其上。故赏庆、刑罚、势诈之为道者，佣徒鬻卖之道也，不足以合大众、美国家，故古之人羞而不道也。故厚德音以先之，明礼义以道之，致忠信以爱之，尚贤使能以次之，爵服庆赏以申之，时其事、轻其任以调齐之，长养之，如保赤子。政令以定，风俗以一，有离俗不顺其上，则百姓莫不敦①恶，莫不毒孽，若祓不祥，然后刑于是起矣。是大刑之所加也，辱孰大焉？将以为利邪？则大刑加焉。身苟不狂惑戆陋，谁睹是而不改也哉？然后百姓晓然皆知修②上之法、像上之志而安乐之。于是有能化善、修身、正行、积礼义、尊道德，百姓莫不贵敬，莫不亲誉，然后赏于是起矣。是高爵丰禄之所加也，荣孰大焉？将以为害邪？则高爵丰禄以持养之。生民之属，孰不愿也？雕雕焉县贵爵重赏于其前，县明刑大辱于其后，虽欲无化，能乎哉？故民归之如流水，所存者神，所为者化而顺。暴悍勇力之属为之化而愿，旁辟曲私之属为之化而公，矜纠收缭之属为之化而调，夫是之谓大化至一。《诗》曰：『王犹允塞，徐方既来。』此之谓也。

【注释】

①敦：通『憝』（duì），怨恨。

②修：通『循』，遵从的意思。

【译文】

大凡人们的行为，全是为了得到奖赏和表扬才去做的，一旦发现对自己有损害就会罢手不干了。故而，赏赐表扬、行刑处罚、权谋诡诈并不可以使人们用尽全力来为君主做事，也不能够使人们舍生忘死地为君主献出生命。如今做人民君主的，他们用来对待下面民众的，不是礼义忠信，而大抵不过使用赏赐表扬、行刑处罚、权谋诡诈控制臣民来获得他们的功用而已。要是强大的敌寇到来，让这些民众去把守孤立无援的城邑，他们就必定会叛变；让他们去抵抗敌人，去打仗，就必定会打败仗；让他们干费力艰苦繁杂的事，就必定会逃跑，会迅速地四分五裂，最后就是下层的民众反过来制约了他们的君主。故而，赏赐表扬、行刑处罚、权谋诡诈作为一种方法，只不过是一种让受雇用的人出卖气力的方法，它不能够团结广大民众，使国家的习俗淳美。故而，古代的圣王认为此种办法是可耻的而不遵行它。古代的圣王都是通过提高道德声誉来引导民众，彰明礼制道义来指导他们，尽力做到忠诚守信来爱护他们，依据尊崇贤人、任用能人的准则来安排他们的职位，用爵位、服饰、表扬、赏赐去一再鼓舞他们，依据时节安排他们的劳动，减轻他们的负担来调剂他们，养育他们，就像保护初生的婴儿一般。政治局面因此而稳定，风气风俗因此而统一。要是还有人违背习俗而不顺从自己的君主的，那么民众就没有谁不怨恨讨厌他，就没有谁不把他当作祸害妖孽，就像要驱除不祥的东西一般要除去他。在此种情形下，刑罚就产生了。那些人就是刑罚所惩处的对象，哪还有比这更大的耻辱呢？你不是想要违背习俗不服君主取巧图利吗？但最后却是重刑加身！要是他不是一个疯子、糊涂虫和愚蠢浅陋的笨家伙，谁看见这种下场还会不悔过自新呢？这样，民众就都清楚明白地知道，要遵从君主的法令，效法君主的榜样而安于秩序，愉快生活。于是，如果有人能化于善良，修养身心，端正行为，持续奉行礼义，崇尚道德风尚，民众就会对他人人尊重敬慕，个个亲近赞叹，此后奖赏就这样产生了。这些人一旦成为高官厚禄所奖励的对象，哪还有比这更加光荣的呢？你还认为不违背习俗不对抗君主有害吗？不过你已经正在享受着高官厚禄的抚育了呀！只要他还是人，有谁会不愿意过高官厚禄的生活呢？再清晰清楚不过了，高贵的官爵和优厚的奖励摆在面前，戴罪示众的惩处作为最大的耻辱放在后面，就算你希望他们不变好，可能吗？故而，百姓归附君主就像千条江河奔向大海一样，君主所到之处秩序井然出神入化，君主举手投足人们感动涕零心悦诚服。最终是，残暴凶狠和胆大强壮的那类人都因感动而变得忠厚老实，偏颇邪僻和巧诈偏私的那类人都因感动而变得大公无私，傲慢尖刻和争抢纠缠的那类人都因感动而变得和气温顺，这就称为通过伟大的教化实现最高的统一。《诗经》上说：『王道伟大化四海，徐国都已来朝拜。』这便是刚才所说的情况。

凡兼人者有三术：有以德兼人者，有以力兼人者，有以富兼人者。

彼贵我名声，美我德行，欲为我民，故辟门除涂以迎吾入。因其民，袭其处，而百姓皆安，立法施令莫不顺比。是故得地而权弥重，兼人而兵俞强。是以德兼人者也。

非贵我名声也，非美我德行也，彼畏我威，劫我势，故民虽有离心，不敢有畔虑。若是，则戎甲俞众，奉养必费。是故得地而权弥轻，兼人而兵俞弱。是以力兼人者也。

非贵我名声也，非美我德行也，用贫求富，用①饥求饱，虚腹张口来归我食。若是，则必发夫掌窌之粟以食之，委之财货以富之，立良有司以接之，已期三年，然后民可信也。是故得地而权弥轻，兼人而国俞贫。是以富兼人者也。

故曰：以德兼人者王，以力兼人者弱，以富兼人者贫。古今一也。

兼并易能也，唯坚凝之难焉。齐能并宋而不能凝也，故魏夺之。燕能并齐而不能凝也，故田单夺之。韩之上地，方数百里，完全富足而趋赵，赵不能凝也，故秦夺之。故能并之而不能凝，则必夺；不能并之又不能凝其有[②]，则必亡。能凝之，则必能并之矣。得之则凝，兼并无强。古者汤以薄，武王以滈，皆百里之地也，天下为一，诸侯为臣，无它故焉，能凝之也。故凝士以礼，凝民以政。礼修而士服，政平而民安。士服民安，夫是之谓大凝。以守则固，以征则强，令行禁止，王者之事毕矣。

【注释】

①用：因为。

②有：指自己原来所有的土地、政权。

【译文】

凡是兼并他国有三种办法：有依靠德行去兼并他国的，有依靠暴力去兼并他国的，有靠了财富去吞并他国的。

那个国家的百姓景仰我的声望，赞美我的德行，想做我的百姓，打开国门，清除道路迎我进城。我凭借这些百姓，沿用他国的宫殿，民众都安然无事，没有不顺从我制定的法律和颁布的命令。这样，得到土地权更大，兼并别国兵更强。这便是凭着德行去吞并别国。那些国家的人民不尊重我的名声，不称赞我的德行，只是惧怕我的威力，迫于我的权势，所以他们虽然有离去之心，却不敢有背叛的想法，像这样，那么兵士就会越来越多，供养花费越来越大，所以得到土地而权力更轻，兼并他国而兵力更弱，这是用武力兼并他国；那些国家的人民不尊重我的名声，不称赞我的德行，由于贫穷而想追求富裕，由于饥饿而想吃饱。

如此的话，他们空着肚子张着嘴来投奔我，便是为了能吃上饭。如此的话，你就一定要发放国库里的粮食来供养他们，给他们事做以便使他们富裕，委任好的官吏来治理他们。这要等三年之后，才能赢得这些人的信任。故而，占领了土地而权势更轻，兼并了别国，国家却越来越贫穷。这是依靠财富去吞并别国。

故而说：靠德行兼并他国的能够称王，凭借暴力吞并别国的反而更衰弱，靠了财富吞并他国的，国家会变得更贫穷。这在古往今来全是相同的。

吞并别国容易做到，不过要牢固地保持巩固它就困难了。齐国可以吞并宋国，却不能保持巩固，故而魏国又夺走了它。燕国可以吞并齐国，却不能保持巩固，故而田单又夺走了它。韩国的上党，方圆数百里，城邑完整无损，府库充足，归顺了赵国，赵国却不可以保持巩固，故而秦国又夺了去。故而，可以吞并别国却不能保持巩固的，必定还会被夺走；不能吞并别国又不能保持巩固自己原有的土地政权的，就一定灭亡。能保持巩固本土的就一定能吞并别国，得到别国的土地就予以保持巩固，再去吞并就会天下无敌了。以前商汤王凭借亳地，周武王凭借鄗地，都不过方圆百里的地方，却使天下统一，诸侯称臣，没有别的缘故，就是可以保持巩固。故而，用礼义团结贤士，用政令团结民众，礼义完善贤士就心悦诚服，政治安定民众就安定，贤士诚服民众安定，这就称为最大的保持巩固。依靠这一点，防守就坚固；凭着这一点，征伐别国就强大，就会令行禁止。如此，王者的事业就具备了。

强国

第十六

刑范正，金锡美，工冶巧，火齐得，剖刑而镆铘已。然而不剥脱，不砥厉，则不可以断绳；剥脱之，砥厉之，则劙盘盂，刎牛马，忽然耳。

彼国者，亦强国之剖刑已。然而不教诲，不调一，则入不可以守，出不可以战；教诲之，调一之，则兵劲城固，敌国不敢婴①也。彼国者，亦有砥厉，礼义节奏是也。故，人之命在天，国之命在礼。人君者，隆礼尊贤而王，重法爱民而霸，好利多诈而危，权谋倾覆幽险而亡。

威有三：有道德之威者，有暴察之威者，有狂妄之威者。此三威者，不可不孰察也。

礼乐则修，分义则明，举错则时，爱利则形，如是，百姓贵之如帝，高之如天，亲之如父母，畏之如神明。故赏不用而民劝，罚不用而威行，夫是之谓道德之威。

礼乐则不修，分义则不明，举错则不时，爱利则不形。然而其禁暴也察，其诛不服也审，其刑罚重而信，其诛杀猛而必，黭然而雷击之，如墙厌之。如是，百姓劫则致畏，嬴②则敖上，执拘则最，得间则散，敌中则夺，非劫之以形势，非振之以诛杀，则无以有其下，夫是之谓暴察之威。

无爱人之心，无利人之事，而日为乱人之道。百姓讙敖，则从而执缚之，刑灼之，不和人心。如是，下比周贲溃以离上矣，倾覆灭亡可立而待也，夫是之谓狂妄之威。

此三威者，不可不孰察也。道德之威成乎安强，暴察之威成乎危弱，狂妄之威成乎灭亡也。

公孙子曰：『子发将西伐蔡，克蔡，获蔡侯，归致命曰：「蔡侯奉其社稷而归之楚，舍属二三子而治其地。」既，楚发其赏，子发辞曰：「发诫布令而敌退，是主威也；徙举相攻而敌退，是将威也；合战用力而敌退，是众威也。臣舍不宜以众威受赏。」』

讥之曰：『子发之致命也恭，其辞赏也固。夫尚贤使能，赏有功，罚有罪，非独一人为之也，彼先王之道也，一人之本也，善善、恶恶之应也，治必由之，古今一也。古者明王之举大事、立大功也，大事已博，大功已立，则君享其成，群臣享其功，士大夫益爵，官人益秩，庶人益禄。是以为善者劝，为不善者沮，上下一心，三军同力，是以百事成而功名大也。今子发独不然，反先王之道，乱楚国之法，堕③兴功之臣，耻受赏之属，无僇乎族党而抑卑其后世，案独以为私廉，岂不过甚矣哉？故曰：子发之致命也恭，其辞赏也固。』

【注释】

①婴：通『撄』，触犯。

②羸：同『羸』，松弛，宽缓。

③堕：挫伤。

【译文】

模子平正，铜、锡的质量好，冶炼工人技术高超，火候和配料得当，那么打开模子而镆铘宝剑就铸成了。不过要是不除去它表面的硬皮，不磨砺它，就不能用它来砍断绳子；除去了它的硬皮，磨砺它，那么用它切割铜器、宰杀牛马就很轻快了。那国家，也是强国『刚出模时的毛坯』。不过要是不进行教育，不使百姓协调一致，那么在国内就不能凭借他们来防守，到国外就不能用他们去打仗；要是教育他们，使他们协调一致，那就会兵力强劲、城防牢固，敌国不敢来冒犯。国家也有『磨刀石』，礼义法度便是这种『磨刀石』。故而人的命运决定于上天，国家的命运决定于礼义。作为君主，推崇礼义、尊崇贤人，就能称王天下；看重法治、保护人民，就能称霸诸侯；欢喜财利、多搞欺诈，就会危险；玩弄权术、坑人害人、阴暗险恶，就会消亡。

威力有三种：有道德的威力，有强暴苛严的威力，有胡作非为专横跋扈的威力。对这三种威力，不能不仔细地审察。

礼乐完备，贵贱、上下等级关系的原则清楚，各种措施适时，爱人利人的心充分地表现出来，像如此的君主，百姓尊贵他像天帝，崇敬他像上天，亲近他像对父母，敬畏他如对神明。故而，不用奖励，民众也会受到鼓励而努力，不用惩罚，君主的权威也能施行，这就叫作道德的威力。

礼制音乐不完善，名分道义不清楚，采取措施不合时代，爱护人民、造福人民不能落实，不过他禁止暴乱很明察，他惩处不服的人很谨慎，他施行惩罚从重而守信用，他处决犯人严厉而坚决，忽然得就像雷电闪击他们一般，就像墙壁倒塌压死他们一样。如此，民众一受到胁迫就会产生畏惧，一放松就会傲视君主，强行集中就聚在一块儿，一得到机会就四散逃跑，敌人一进攻就会被敌人争取过去，君主要是不用权势地位去威胁他们，不用刑罚杀戮去震慑他们，那就无法控制臣民。这就称为严酷督察的威力。

没有保护百姓的心肠，不做有益于百姓的事情，而天天搞那些扰乱百姓的歪门邪道，民众要是怨声沸腾，就跟着逮捕他们，对他们用刑烧灼，而不去调解民心。如此，臣民就会结伙逃散而远离君主了，垮台灭亡就能够马上等到。这就称为放肆妄为的威力。

这三种威力，是不可不仔细考察的。道德的威力终结于安定强盛，严酷督察的威力终结于危险衰弱，放肆妄为的威力终结于消亡。

公孙子说：『子发带兵向西讨伐蔡国，打败了蔡国，抓获了蔡圣侯，回来后向楚宣王报告：「蔡侯捧着他的祖宗牌位来投奔楚国了，我景舍已经委派了几个人去管理他的领土了。」此后不久，楚宣王向他颁发奖赏。子发拒绝道：「告示命令一发布，敌军就退却了，这是君主的威力；一调发军队去攻打，敌军就退却了，这是将领的威力；士兵们齐心协力作战，敌军才退却，这是战士们的威力。我景舍不该凭这些威力而受到奖赏。」』

荀子评价此事道：『子发回复君命是谦恭有礼的，他拒绝奖励却显得鄙陋无知。推崇贤人，使用能人，奖励有功的人，惩罚有罪的人，这不单单是某一个人制定的准则。那是古代圣王的政治准则，是使百姓行动一致的根本措施，是奖励良善、惩罚邪恶的显现。治理国家必定要遵循这一原则，古往今来都是相同的。古时候，英明的帝王在举办大事、建立大功的时节，大事已经完成，大功已经建立，那么君主就享有它的成绩，群臣就分享它的功劳，士大夫晋升爵位，各级官吏提高职位品级，普通士兵增加粮饷。所以，做好事的受到鼓励而愈加努力，做坏事的受到制止也就停止了，上下团结一心，三军一起努力，所以各种事情都能办成而功业名声也就愈加伟大卓著了。如今子发偏偏不是如此做的，他违反古代圣王的政治准则，扰乱楚国的法令，挫伤了立功的臣下，侮辱了受到奖励的人，也侮辱了他自己的族人，压抑贬低了他自己的后代，而如此做不过为了个人的廉洁，这难道不是大错特错了吗？故而说：子发回复君命是谦恭有礼的，他拒绝奖励却显得鄙陋无知。』

荀卿子说齐相曰：『处胜人之势，行胜人之道，天下莫忿，汤、武是也；处胜人之势，不以胜人之道，厚于有天下之势，索为匹夫不可得也，桀、纣是也。然则得胜人之势者，其不如胜人之道远矣。

『夫主相者，胜人以势也。是为是，非为非，能为能，不能为不能，并己之私欲，必以道夫公道通义之可以相兼容者，是胜人之道也。

『今相国上则得专主，下则得专国，相国之于胜人之势，亶[1]有之矣。然则胡不驱此胜人之势、赴胜人之道、求仁厚明通之君子而托王焉？与之参国政，正是非，如是，则国孰敢不为义矣？君臣上下，贵贱长少，至于庶人，莫不为义，则天下孰不欲合义矣？贤士愿相国之朝，能士愿相国之官，好利之民莫不愿以齐为归，是一天下也。相国舍是而不为，案直为是世俗之所以为，则女主乱之宫，诈臣乱之朝，贪吏乱之官，众庶百姓皆以贪利争夺为俗。曷若是而可以持国乎？

『今巨楚县吾前，大燕鰌[2]吾后，劲魏钩吾右，西壤之不绝若绳，楚人则乃有襄贲、开阳以临吾左。是一国作谋，则三国必起而乘我。如是，则齐必断而为四三，国若假城然耳，必为天下大笑。曷若？两者孰足为也？

『夫桀纣，圣王之后子孙也，有天下者之世也，势籍之所存，天下之宗室也。土地之大，封内千里；人之众，数以亿万；俄而天下倜然举去桀纣而奔汤武；反然举恶桀纣而贵汤武，是何也？夫桀纣何失而汤武何得也？曰：是无他故焉，桀纣者，善为人所恶也；而汤武者，善为人所好也。人之所恶何也？曰：污漫争夺贪利是也。人之所好者何也？曰：礼义辞让忠信是也。今君人者，辟称比方，则欲自并乎汤武，若其所以统之，则无异于桀纣，而求有汤武之功名，可乎？

『故凡得胜者，必与人也，凡得人者，必与道也。道也者何也？曰：礼让忠信是也。故自四五万而往者，强胜，非众之力也，隆在信矣。自数百里而往者，安固，非大之力也，隆在修政矣。今已有数万之众者也，陶诞比周以争与；已有数百里之国者也，污漫突盗以争地。然则，是弃己之所安强，而争己之所以危弱也，损己之所不足，以重己之所有余。若是其悖缪也，而求有汤武之功名，可乎？辟之是犹伏而咶天，救经而引其足也。说必不行矣，愈务而愈远。

『为人臣者，不恤己行之不行，苟得利而已矣，是渠冲入穴而求利也，是仁人之所羞而不为也。故，人莫贵乎生，莫乐乎安，所以养生乐安者，莫大乎礼义。人之贵生乐安而弃礼义，辟之是犹欲寿而歾颈也，愚莫大焉。

『故，君人者，爱民而安，好士而荣，两者无一焉而亡。《诗》曰：「价人维藩，大师维垣。」此之谓也。』

【注释】

①亶（dǎn）：实在，诚然。

②䲡（qiū）：通『遒』，逼迫。

【译文】

荀况劝告齐相国道：『处在能制服别人的权势位置上，又能施行制服别人的办法，使天下没有人怨恨，汤武便是如此的人。处在能制服别人的权势位置上，却不能使用制服别人的方法，来拥有天下的权力位置，最后，连想求做个普通的人也办不到，桀纣便是如此的人。那么，得到制服别人的权势位置，还是远远比不上具有制服别人的方法。

『做君主和相国的，是以权力位置制服别人，可以做到对的就是对的，错的就是错的，有能力的就是有能力的，没有能力的就是没有能力的，抛弃自己的欲念，把施行正确的法律制度与道德规范认为是能够互相包容的，这便是制服别人的方法。

『如今相国您独得君主的宠信，独揽国家行政大权，真的已经拥有了制服他国的权力位置。既这样，为何不驾驭着制服他国的权势，推行制服他国的大政方针呢？为何不寻找仁慈忠厚明智通达的君子而把他举荐给齐王呢？既然是您和齐王共同处理国家政务，判定对错，那么，齐国还有谁敢不遵从道义呢？君主与臣子，上司与下属，高贵的与卑贱的，年长的与年少的，一直到平民百姓，要是没有人不遵行道义，全天下还有谁不想集中到这一遵行道义的齐国来的呢？贤能的人士向往着您所在的朝廷，有能力的人士想要在您的管理下为官，好利的百姓，没人不想把齐国作为自己的归宿，这已经是在统一天下了。相国您要是放弃如此的大政方针而不大有作为，不过随波逐流，那么，齐王后和太后之类的女人就会在后宫添乱，奸诈之臣就会在朝堂上乱来，贪官污吏就会在官府捣乱，在广大百姓群众当中，就会造成贪图私利你争我夺的风俗，哪有这样能维持一个国家的呢？

『如今，庞大的楚国就像一把利剑悬在齐国的头上，强大的燕国紧跟在齐国之后，强劲的魏国牵动着齐国的西面；齐魏接壤的领土即使还属于齐国，却已经危险得像是吊在细绳上了；楚国领土已经到了襄贲、开阳，这两个城池监视在齐国的东面。在如此形势下，要是有一个国家出面策划，楚、魏、燕三国就一定会共同来欺凌齐国。到那个时节，齐国将必定会被分割成三四块，齐国对于自己的城池，实际上不过像是在替楚、魏、燕三国暂时管理着而已，必然会受到天下人莫大的嘲笑。相国您觉得如何呢？我上述的这两种治理方略，哪一种更可行呢？

『夏桀和殷纣王，是圣王的后代子孙，是拥有天下领导权的天子继承人，是权势图籍的占有者，是天下人所尊敬的帝王之家；领土之广大，畿内方圆千里；百姓之众多，要用亿万来计；不过忽然间天下所有的人却都远远地抛弃了桀、纣，而去投靠商汤、周武王了。一日之间天翻地覆，人们都开始讨厌桀、纣而崇敬商汤、周武王了，这是为何呢？桀、纣为何会失败而商汤、周武王为何会成功呢？我能够告诉您：其实没什么，由于桀、纣二人好做一些人们所厌恶的事，而商汤、周武王两个人，却好做一些让人们欢喜的事情。人们都讨厌什么呢？我能够说，憎恶污秽卑鄙，憎恶你争我夺，憎恶统治者唯利是图。人们都爱好什么呢？我能够说，爱好礼制道义，爱好互相谦让，爱好统治者忠诚守信。如今管着人民的君主，一说话就把自己比作商汤、周武王，想和人家并列；至于他们管理国家的大政方针，却和夏桀、商纣没什么两样。如此下来，希望获得商汤、周武王那样的功名伟业，如何可能呢？

『故而，但凡获得胜利的，必定是他们顺从了百姓的意愿；但凡得到百姓拥护的，必定是遵循了正确的大政方针。这大政方针是什么呢？能够说，便是推行礼制道义，便是提倡谦恭辞让，便是要统治者忠诚守信。故而，只须拥有四五万人口的国家，可以强大起来，获得胜利，由于这并不在于人多的力量，而在于提高诚信的地位！只须拥有百里领土的国家，就可以安定稳固，由于这并不在于国土广阔的力量，重要的在于处置好各种政务！如今的齐国，已经是拥有几万人的国家，却不过用招摇撞骗、拉拢勾结的办法夺取盟国；齐国已经拥有了方圆几百里的土地，却不过用肮脏卑鄙、巧取豪夺的办法夺取土地。这就相当于抛弃了能让自己稳定强盛的大政方针，而争着使用那些让自己危险衰弱的方法。减损自己本来就缺少的东西，而增加自己原本多余的东西；这样地错乱荒谬，却还想获得商汤、周武王那样的功名伟业，如何可能呢？举个例子，这就像是趴在地上去舔天，想救上吊的人，却往下拉他的脚。此种主张是必定行不通的，越是努力就会离目标越远。

『做臣子的，不顾自己的道德不好，只要贪图获得私利，这就相当于用攻战的大车冲入小洞去攻城来求取利益一般，这是讲求仁德的人感到羞愧而不去做的事情。对于人来说，没有什么比生命更贵重，没有什么比安定更快乐。而用来保护生命、获得安乐的途径，没有比遵行礼义更重要的了。人们要是只晓得珍重生命、爱好安定却又抛弃了礼义，打个比喻来说，这就如同是想长寿而又自杀一般，没有比这样做更愚笨的了。

『故而，统治人民的君主，保护人民就能安宁，爱好贤士就会荣耀，这两方面都不具备的就会消亡。《诗经》上说：「贤士便是那国家的屏障，民众便是那国家的围墙。」说的便是这个道理。』

『力术止，义术行。曷谓也？』曰：『秦之谓也。威强乎汤、武，广大乎舜、禹，然而忧患不可胜校也，諰諰然常恐天下之一合而轧己也，此所谓力术止也。』

『曷谓乎威强乎汤、武？』『汤、武也者，乃能使说己者用耳。今楚父死焉，国举焉，负三王之庙而辟于陈、蔡之间，视可、伺间，案欲剡其胫而以蹈秦之腹；然而秦使左案左，使右案右，是能使仇人视可也。此所谓威强乎汤、武也。』

『曷谓广大乎舜、禹也？』曰：『古者百王之一天下、臣诸侯也，未有过封内千里者也。今秦，南乃有沙羡与俱，是乃江南也；北与胡、貉为邻；西有巴、戎；东，在楚者乃界于齐，在韩者逾常山乃有临虑，在魏者乃据圉津——即去大梁百有二十里耳，其在赵者剡然①有苓而据松柏之塞、负西海而固常山，是地遍天下也。威动海内，强殆中国，然而忧患不可胜校也，諰諰然常恐天下之一合而轧己也。此所谓广大乎舜、禹也。』

『然则奈何？』曰：『节威反文，案用夫端诚信全之君子治天下焉，因与之参国政，正是非，治曲直，听咸阳，顺者错之，不顺者而后诛之。若是，则兵不复出于塞外而令行于天下矣；若是，则虽为之筑明堂于塞外而朝诸侯，殆可矣。假今之世，益地不如益信之务也。』

应侯问孙卿子曰：『入秦，何见？』

孙卿子曰：『其固塞险，形势便，山林川谷美，天材之利多，是形胜也。入境观其风俗，其百姓朴，其声乐不流污，其服不挑②，甚畏有司而顺，古之民也。及都邑官府，其百吏肃然，莫不恭俭敦敬、忠信而不楛，古之吏也。入其国，观其士大夫，出于其门，入于公门，出于公门，归于其家，无有私事也；不比周、不朋党，倜然莫不明通而公也，古之士大夫也。观其朝廷，其间听决，百事不留，恬然如无治者，古之朝也。故四世有胜，非幸也，数也。是所见也。故曰，佚而治，约而详，不烦而功，治之至也，秦类之矣。虽然，则有其諰矣。兼是数具者而尽有之，然而，县之以王者之功名，则倜倜然其不及远矣。』

『是何也？』

『则其殆无儒邪！故曰：「粹而王，驳而霸，无一焉而亡。」此亦秦之所短也。』

【注释】

①矧然：割削的样子。

②挑：同『佻』，妖艳古怪。

【译文】

『使用强力的方法遇到制止，运用礼义的方法畅通无阻。这是指什么而言呢？』答复道：『是指秦国而言。秦国的威力比商汤、周武王还要强盛，它的领土比舜、禹还要广大，不过它的忧虑祸患多得不可胜数，天天提心吊胆地常常怕天下各国联合起来攻击自己，这便是我所说的使用强力的方法遇到制止的情况。』

『为什么说秦国的威力比商汤、周武王还要强盛呢？』答复道：『商汤、周武王，只能使爱好自己的人听使唤罢了。而现在，楚王的父亲死在秦国，国都被秦国攻克，楚王背着三个先王的神主牌位躲避在陈、蔡两地之间，观察适当之时，窥测可乘之机，想抬起他的脚去践踏秦国的腹地；不过秦国让他向左他就向左，让他向右他就向右，这便是让仇敌受自己驱使。这便是我所说的比商汤、周武王还要威武强盛。』

『如何说是比舜、禹还要广大？』答复道：『古时候各代帝王统一天下、臣服诸侯，境内从没有超过方圆上千里的。如今的秦国，南边便拥有了沙羡及其周围一带，这是长江的南面了；北边与胡、貉相邻；西边拥有了巴、戎；东边，在所攻占楚国的土地和齐国交界，在韩国的军队已经越过了常山而拥有了临虑，在魏国的军队占领了围津——即距离大梁不过一百二十里了，它在赵国的军队大刀阔斧地拥有了灵丘而盘踞在松柏丛中的要塞上，背靠西海而把常山作为险阻，这是领土遍及天下啊。这便是我所说的比舜、禹还要广大。它的威力震撼了天下，它的强盛打败了中原各国，不过忧虑祸患多得不可胜数，提心吊胆地常常怕天下各国团结一致来蹂躏自己啊。』

『这样的秦国该怎么办呢？』答复道：『节制强力，返回礼义，此后任用正直诚实、守信而忠纯的君子管理天下，用他们一道参与国家的政事，顺服的诸侯国就不予干涉，不顺服的就予以惩处。如此，军队不必再出兵国境之外，而命令就能够在天下通行。如此，就算在境外建立朝廷，叫诸侯来朝拜，也差不多能够做到了。现在的事，增加土地不如增加信誉更加紧急。』

应侯请教荀况说：『到了秦国，发现些什么？』

荀子答复道：『城堡等设施很险要，地势有利，山林河流漂亮，自然资源既好又丰富，这是地形上的优越。进入国境，看秦地风俗，秦国百姓纯朴淳厚，音乐不淫荡卑污，穿着不轻薄妖艳，人们十分怕官府而服从，真像是古圣王治下的百姓。到了大小城镇的官府，那儿的各种官吏都严肃谨慎，无不谦恭节约，敦厚谨慎，忠诚守信而不粗疏草率，真像是古圣王治下的官员。进到秦国国都，观察秦国士大夫，走出自己的家门，就进入官府的衙门，走出衙门，就回去自己家里，没人有私人事情；他们不相互勾结，不拉帮结派，卓然超群地一个个明智通达，廉洁奉公，真像是古圣王治下的士大夫。考察秦国朝堂，在秦王罢朝之后，百官理政效率很高，安闲得似乎没什么事要做，真像是古圣王治理的朝堂。故而，秦国四代君王都能有所发展，并不是由于侥幸，而是有其必然性的。这便是我所见到的。故而说：「安逸为官得管理，政令简要又详尽，政务不多效果好，政治境界为最高。」秦国已经差不多达到这种境界。就算这样，秦国仍有自己的担忧啊。综合上述几个条件全部拥有，不过用称王天下的功名准则来衡量，那简直是天南海北，相差很大呀。』

『这是为何呢？』

『大概是由于秦国几乎没有儒者吧！故而说：「道义纯粹能称王，义利兼顾能称霸，两样一样也没有，那样的国家要消亡。」这也是秦国的缺点啊。』

积微，月不胜日，时不胜月，岁不胜时。凡人好敖慢小事，大事至，然后兴之务之。如是，则常不胜夫敦比①于小事者矣。是何也？则小事之至也数，其县日也博，其为积也大；大事之至也希，其县日也浅，其为积也小。故善日者王，善时者霸，补漏者危，大荒者亡。故王者敬日，霸者敬时，仅存之国危而后戚之，亡国至亡而后知亡，至死而后知死。亡国之祸败，不可胜悔也；霸者之善箸焉，可以时托也；王者之功名，不可胜日志也。

财物货宝以大为重，政教功名反是，能积微者速成。《诗》曰：『德輶如毛，民鲜克举之。』此之谓也。

凡奸人之所以起者，以上之不贵义、不敬义也。夫义者，所以限禁人之为恶与奸者也。今上不贵义、不敬义，如是，则下之人百姓，皆有弃义之志，而有趋奸之心矣，此奸人之所以起也。且上者，下之师也，夫下之和上，譬之犹响之应声，影之像形也。故，为人上者，不可不顺也。夫义者，内节于人而外节于万物者也；上安于主，而下调于民者也。内外上下节者，义之情也。然则，凡为天下之要，义为本，而信次之。古者，禹汤本义务信，而天下治；桀纣弃义倍信，而天下乱。故，为人上者，必将慎礼义、务忠信，然后可。

此君人者之大本也。

堂上不粪②，则郊草不瞻旷芸；白刃扞乎胸，则目不见流矢；拔戟加乎首，则十指不辞断。非不以此为务也，疾养缓急之有相先者也。

【注释】

①敦比：谨慎。

②粪：通「坌」，扫除。

【译文】

累积微小的成绩，每个月累积不如每天累积，每个季度累积不如每个月累积，每年累积不如每个季度累积。普通人欢喜轻视怠慢小事，等大事来了，之后才把它提到议事日程上尽力去做它。如此，就经常不如那些谨慎办理小事的人了。这是为何呢？由于小事来得频繁，它牵扯的时间多，它累积起来的成绩大；大事来得稀少，它牵扯的时间少，它累积起来的成绩小。故而珍惜每一天的君主就可以称王天下，珍惜每一季度的君主就可以称霸诸侯，出了漏洞再去补救的君主就可危险了，一切时间都荒废掉的君主就会消亡。故而称王天下的君主谨慎地对待每一天，称霸诸侯的君主重视每一个季度，勉强存活的国家陷入危险之后君主才为它忧虑，亡国的君主到了国家灭亡之后才晓得会灭亡，临死的时期才晓得要死。亡国的君主造成的祸害和破坏，多到悔不胜悔。称霸诸侯的君主的善政显著，能够按季度来记录；称王天下的君主的功绩声誉，便是每天记录也不能够全部记下来。

财物宝贝以大为贵，政教功名却跟这相反，能累积微小成绩的君主才可迅速成功。《诗》云：『道德轻得像毛发，百姓很少能举它。』说的便是这个道理。

普通来讲，奸人之所以出现，是由于君主不崇尚礼义、不重视礼义的缘故。礼义，是用来限制禁止人们作恶行奸的。现在，君主不尊崇礼义、不看重礼义，如此，下面的民众，都有背弃礼义之意，而有趋向奸邪的心了。这便是奸人之所以出现的原因。况且，君主是民众的表率，民众应和君主，就像回音应和声响，影子跟随形体一般。故而，作为民众的君主，不能不谨慎啊。礼义，对内适合于所有的人，对外适合于世间万物；对上安定君主，对下调和民众。内外上下都得到调节，这是礼义的实质。那么，但凡办理天下大事，礼义就是关键，信用是其次。古代，禹汤以礼义为关键，务求信用，天下得到大治；桀纣背弃礼义，背弃信用，天下大乱。故而，作为民众的君主，必定要谨守礼义，务求忠信，然后才能够平治天下，这是统治民众的最高原则。

厅堂要是还没有打扫，这样郊外的野草就没有足够的余暇去铲除了；雪白的刀锋刺到胸口，眼睛就看不到飞来的暗箭了；迅速到来的戟架到头上，就顾不上十只手指有被切断的危险而去抵抗了。这并不是觉得郊外的杂草、暗箭、手指不重要，而是由于痛痒缓急之间有个先顾及什么的问题。

天论

第十七

天行有常，不为尧存，不为桀亡。应之以治则吉，应之以乱则凶。强本而节用，则天不能贫，养备而动时，则天不能病；循道而不忒①，则天不能祸。故水旱不能使之饥渴，寒暑不能使之疾，祆怪不能使之凶。本荒而用侈，则天不能使之富；养略而动罕，则天不能使之全；倍道而妄行，则天不能使之吉。故水旱未至而饥，寒暑未薄而疾，祆怪未至而凶。受时与治世同，而殃祸与治世异，不可以怨天，其道然也。故明于天人之分，则可谓至人矣。不为而成，不求而得，夫是之谓天职。如是者，虽深，其人不加虑焉；虽大，不加能焉；虽精，不加察焉；夫是之谓不与天争职。天有其时，地有其财，人有其治，夫是之谓能参。舍其所以参，而愿其所参，则惑矣！

列星随旋，日月递照，四时代御，阴阳大化，风雨博施，万物各得其和以生，各得其养以成，不见其事而见其功，夫是之谓神。皆知其所以成，莫知其无形，夫是之谓天。唯圣人为不求知天。

天职既立，天功既成，形具而神生，好恶、喜怒、哀乐臧②焉，夫是之谓天情。耳、目、鼻、口、形，能各有接而不相能也，夫是之谓天官。心居中虚，以治五官，夫是之谓天君。财非其类，以养其类，夫是之谓天养。顺其类者谓之福，逆其类者谓之祸，夫是之谓天政。暗其天君，乱其天官，弃其天养，逆其天政，背其天情，以丧天功，夫是之谓大凶。圣人清其天君，正其天官，备其天养，顺其天政，养其天情，以全其天功。如是，则知其所为，知其所不为矣，则天地官③而万物役矣。其行曲治，其养曲适，其生不伤，夫是之谓知天。

故大巧在所不为，大智在所不虑。所志于天者，已其见象之可以期者矣；所志于地者，已其见宜之可以息者矣；所志于四时者，已其见数之可以事者矣；所志于阴阳者，已其见知之可以治者矣，官人守天，而自为守道也。

【注释】

①忒：差错。

②臧：同『藏』，包藏，包含。

③官：任用、掌握

【译文】

自然界的运行有自己的规则，不会由于尧之仁而存在，也不会由于桀之暴而消亡。用合理的方法来承接它就吉利，用不合理的方法来承接它就不吉利。加强农业，节省用度，这样老天不会让他贫困；衣食充足而让民众按季节劳作，这样老天就不会使其困苦；顺应自然规律而无差失，这样老天就不会降祸于他。故而水涝干旱不能使之饥渴，四季冷热的变化不能使其生病，灾异的状况也不能带来灾凶。相反，农业荒芜而用度奢侈，这样老天不会使其富裕；衣食不足而又懒于劳作，这样老天就不会保全其生；违背天道而胡乱行事，这样老天不会让其安吉。故而没有水旱之灾却出现饥寒，没有冷热近身却出现疾病，没有灾异却发生了凶灾。遭到的天时与治世相同，遇到的灾祸却与治世大异，这不能够归咎于天，而是因为人自己的行为招来的。故而天人懂得之间的分别，便能够说是圣人了。不用作为而有成，不用求取而有得，这便是老天的职责。这样，天道即使深远，圣人不会随意测度；天道即使广大，圣人也不会觉得自己有能力去施加什么；天道即使精微，圣人也不去考察；这就叫不与老天争职。天有四季寒暑，地有自然资源，人有管理能力，这就称为与天地参与配合。放弃自己配合参与的能力，而羡慕天时地财的功能，这便是糊涂了。

天空中的繁星相互伴随旋转，太阳和月亮轮流照射大地，四季接替掌握着节气，阴阳二气生成万物，风雨施惠于万物生灵。万物在阴阳和气中不断地出现，获得了风雨的滋养并且不断地成长。万物由阴阳之气转化生成的过程我们难以看见，看见的只有万物形成的成果，这称为神。人们懂得的只是阴阳生成的万物，却对万物生成的过程知之甚少，这称为天的生成之功。只有圣人才晓得只尽人事而不寻求去知道天。

上天的职能已然确立，天地的功德已经成就，人的形体完全也就有了精神。爱好与讨厌、喜欢与愤怒、悲哀与愉悦，都蕴涵在人的精神里，我们称之为天生的情感。耳朵、眼睛、鼻子、嘴巴、身体，它们各有自己的职能，各有自己的感受对象，但它们却不能相互替代，我们把它称之为天生的感官。心在身体中部的胸腔用来掌握这五种感官，我们称之为天生的君主。人类所需要的财富并不是一个类别，人们能够用不同的类别来满足自己不同的需要，我们把这称之为天养。外物的种类顺从了人类的各种需要时，我们称之为福；外物的种类不顺从人类需要时，我们称之为祸，我们把这称之为天政。心灵糊涂，感觉迟钝，抛弃上天的恩养，不顺从天然的抉择，当喜不喜，当怒不怒，这就会辜负了上天的恩泽，我们把它称之为大凶。圣人用清醒的心灵，良好感受，享其天养，顺应祸福，当喜则喜，当怒则怒，一点都不辜负上天的恩泽。如此，知道自己能做什么，不能做的是什么了。这样顺应天地，利用万物；他的行动处处有条理，他的消费处处适当，他的生命不受损伤，这就能够称之为知天了。

故而，最高超的技巧在于顺从自然不蛮干，最高超的智慧在于顺从自然不多想。对上天来说，所要知道的，不过是它天象中呈现出来的那些能够测定气候变化的天文数据而已；对大地来说，所要知道的，不过是它呈现出的方法中利于种植庄稼的地文资料而已；对四季来说，所要知道的，不过是它们呈现出的规律中能够用来安排农业生产的节气而已；对阴阳来说，所要知道的，不过是它们呈现出的节气中能有利于事物的因素而已。圣人完全能够让其他的人来控制这些自然现象，让自己专心去研究管理国家的法则。

治乱，天邪？曰：日月、星辰、瑞历，是禹、桀之所同也；禹以治，桀以乱；治乱非天也。时邪？曰：繁启、蕃长于春夏，畜积、收臧于秋冬，是又禹、桀之所同也；禹以治，桀以乱；治乱非时也。地邪？曰：得地则生，失地则死，是又禹、桀之所同也；禹以治，桀以乱；治乱非地也。《诗》曰：『天作高山，大王荒之；彼作矣，文王康之。』此之谓也。

天不为人之恶寒也辍冬，地不为人之恶辽远也辍广，君子不为小人匈匈也辍行。天有常道①矣，地有常数矣，君子有常体矣。君子道其常，而小人计其功。《诗》曰：『何恤人之言兮。』此之谓也。

楚王后车千乘，非知也；君子啜菽饮水，非愚也；是节然也。若夫心意修，德行厚，知虑明，生于今而志乎古，则是其在我者也。故君子敬其在己者，而不慕其在天者；小人错其在己者，而慕其在天者。君子敬其在己者，而不慕其在天者，是以日进也；小人错其在己者，而慕其在天者，是以日退也。故君子之所以日进与小人之所以日退，一也。君子、小人之所以相县者，在此耳！

星队木鸣，国人皆恐。曰：是何也？曰：无何也。是天地之变，阴阳之化，物之罕至者也。怪之，可也；而畏之，非也。夫日月之有蚀，风雨之不时，怪星之党见，是无世而不常有之。上明而政平，则是虽并世起，无伤也；上暗而政险，则是虽无一至者，无益也。夫星之队，木之鸣，是天地之变，阴阳之化，物之罕至者也。怪之，可也；而畏之，非也。

物之已至者，人祆则可畏也。楛耕伤稼，耘耨失萝，政险失民，田萝稼恶，籴贵民饥，道路有死人，夫是之谓人祅。政令不明，举错不时，本事不理，夫是之谓人祅。礼义不修，内外无别，男女淫乱，则父子相疑，上下乖离，寇难并至，夫是之谓人祅。祅是生于乱，三者错，无安国。其说甚尔②，其灾甚惨。勉力不时，则牛马相生，六畜作祅。可怪也，而不可畏也。

传曰：『万物之怪，书不说。』无用之辩，不急之察，弃而不治。若夫君臣之义，父子之亲，夫妇之别，则日切瑳而不舍也。

【注释】

①道：坚守的意思。

②尔：通『迩』，近，浅近。

【译文】

社会的安定或混乱，是由上天安排的吗？答复道：太阳月亮、行星恒星、祥瑞的历书，在禹和桀的时代都是一样的，而禹的时代天稳定，桀的时代天下混乱，可见社会的稳定或混乱并不是由上天安排的。这样，是时令造成的吗？答复道：万物在春季、夏季纷纷发芽、茂盛地成长，在秋季、冬季积蓄、收藏，这在禹和桀的时代又是一样的，而禹的时代天下稳定，桀的时代天下混乱，可见社会的安定或混乱并不是时令造成的。这样，是大地造成的吗？答复道：万物获得了大地就生长，失去了大地就死亡，这在禹和桀的时代又是一样的，而禹的时代天下稳定，桀的时代天下混乱，可见社会的稳定或混乱并不是由大地造成的。《诗经》上说：『上天生成了高大的岐山，太王掌握了它，并且建立了都城，文王使它稳定。』说的便是此种情况。

上天并不由于人们厌恶寒冷就废止了冬季，大地并不由于人们讨厌辽远就不再宽广，君子并不由于小人的吵吵嚷嚷就中止他的行为。上天有永恒不变的规律，大地有永恒不变的准则，君子有持久不变的品性。君子坚守他持久不变的品性，而小人却在计较自己的功利。《诗经》上说：『礼义上我不犯错失，何必顾及别人说长道短？』说的便是这个道理。

楚王外出时跟着的车子有上千辆，并不是由于他聪明；君子吃豆叶、喝白水，并不是由于他愚蠢；这种情形是时势命运的制约造成的。至于思想美好，德行敦厚，谋虑精明，生在今天而能晓得古代，这些就是取决于我们自己的事情了。故而，君子看重自己努力的成绩，而不羡慕天生成的东西，故而一天天地进步；小人放弃自己的努力，而羡慕天生成的东西，故而一天天退步。故而，君子之所以一天天前进，与小人之所以一天天倒退，道理是相同的。君子、小人之所以相差悬殊，道理就在此处。

流星坠落、树木鸣叫，国人都惊恐，说：这是为何呢？我们说：这没有什么。此种情况是自然界的变异、阴阳二气的变化，只不过是世界上很少出现的情形罢了。觉得它奇怪，是行的；但惊恐它，就错了。太阳有日食，月亮有月食，狂风暴雨不合时节地忽然袭击，奇怪的星相偶尔出现，这是无论哪个时期都不常有的。君主贤明而政治安定，那么，就算这些一起出现，也没有什么影响；君主愚昧而政治腐败，那么此种情形就算一样都没出现，也不会获得什么好处。那流星的坠落、树木的鸣叫，是自然界的变异、阴阳二气的变化，只不过世界上很少出现而已。觉得它奇怪，还行；要是惊恐它，那就错了。

在已经到来的情形中，人为的反常现象是可惊恐的。粗放耕种而伤害庄稼，胡乱锄草而田地荒芜，政治险恶而丧失民心，田地荒芜而庄稼不长，米价昂贵而民众挨饿，道路上有饿死的人，这称为人为的反常情形。政策法令稀里糊涂，管理措施不合时宜，农业生产不加管理，动员劳役不顾农时，这样牛马就会生出怪胎，六畜就会闹出怪异，这也称为人为的反常情形。礼义不整顿，内外没分别，男女之间胡乱来，这时就会父子之间互相猜疑，君臣之间离心离德，外寇内乱同时闹事，这也称为人为的反常情形。人为的反常情形出现于君主的昏乱。三类人为的反常情形频繁出现，就不会有安宁的国家了。这种人为的反常情形，说起来道理十分浅近，但它造成的灾难却是非常惨重的。这才是可惊恐的，但不值得奇怪。

古书上讲：『各种怪情形，经书之上不解释。没用处的辩论，不急需的探查，应当弃之不理，不予研究。』对于君臣之间的道义，父子之间的亲情，夫妻之间的分别，则应当每日每时切磋琢磨，不停地探究。

雩而雨，何也？曰：无何也，犹不雩而雨也。日月食而救之，天旱而雩，卜筮然后决大事，非以为得求也，以文之也。故君子以为文，而百姓以为神。以为文则吉，以为神则凶也。

在天者莫明于日月，在地者莫明于水火，在物者莫明于珠玉，在人者莫明于礼义。故日月不高，则光晖不赫；水火不积，则晖润不博；珠玉不睹乎外，则王公不以为宝；礼义不加于国家，则功名不白。故人之命在天，国之命在礼。君人者，隆礼、尊贤而王，重法、爱民而霸，好利、多诈而危，权谋、倾覆、幽险而尽亡矣。

大天而思之，孰与物畜而制之！从天而颂之，孰与制天命而用之！望时而待之，孰与应时而使之！因物而多之，孰与骋能①而化之！思物而物之，孰与理物而勿失之也！愿于物之所以生，孰与有物之所以成！故错人而思天，则失万物之情。

百王之无变，足以为道贯。一废一起，应之以贯。理贯，不乱。不知贯，不知应变。贯之大体未尝亡也。乱生其差，治尽其详。故道之所善，中则可从，畸则不可为，匿②则大惑。水行者表深，表不明则陷；治民者表道，表不明则乱。礼者，表也。非礼，昏世也；昏世，大乱也。

故道无不明，外内异表，隐显有常，民陷乃去。

万物为道一偏，一物为万物一偏。愚者为一物一偏，而自以为知道，无知也。慎子有见于后，无见于先；老子有见于诎，无见于信③；墨子有见于齐，无见于畸；宋子有见于少，无见于多。有后而无先，则群众无门；有诎而无信，则贵贱不分；有齐而无畸，则政令不施；有少而无多，则群众不化。《书》曰：『无有作好，遵王之道；无有作恶，遵王之路。』此之谓也。

【注释】

①骋能：施展才能。

②匿：通『慝』，差错。

③信：通『伸』，这里指的是积极进取、有所作为。

【译文】

祈神求雨就下了雨，为何呢？答复道：这不为何，也就像不祈神求雨而下了雨似的。太阳、月亮出现了日食、月食，人们就抢救它们，天旱了就祈神求雨，占卜打卦之后决定大事，古人并不觉得这些做法就能得到所祈求的东西，不过用它们来粉饰政事罢了。故而君子把这些做法当作粉饰，民众却把这些做法当作神秘。把这些做法当作粉饰就吉利，把这些做法当作神秘就凶险了。

在天上的没有比日月更光亮的了，在地上的没有比水火更光亮的了，在物品中没有比珠玉更光亮的了，在人类社会中没有比礼义更光亮的了。日月如不高悬天空，它们的光辉就不光亮；水火如不积聚，火的光亮、水的光亮就不大；珠玉如不显露光亮在外，天子、诸侯就不会把它们当作宝贝；礼义不在国家施行，功业声誉就不会显著。故而人的命运在天，国家的命运在礼义。治理人民的君主，推崇礼义、尊重贤能就会称王天下；看重法治、爱护百姓就会称霸诸侯；贪图财利、诡诈多端就会危险；玩弄权谋、倾轧颠覆、阴暗险恶就会彻底消亡。觉得大自然伟大而思慕它，哪里及得上把它看作物资积蓄起来而掌握它？随顺自然而颂扬它，哪里比得上控制自然规律而使用它？盼望时令而等着它，哪里比得上因时制宜而使它为我所用？依赖万物的自然增殖，哪里比得上施展人的才能而使它们依据人的需要来变化？思慕万物而把它们看作与己无关的外物，哪里比得上管理好万物而不失去它们？想要知道万物产生的原因，哪里比得上占有那已经长成的万物？故而放弃了人的努力而寄希望于天，那就违反了万物的真实情形。

每个朝代帝王都坚持的东西，是能够用来作为完美的政治原则来遵从的。国家的兴衰交替显现，都应当有一个通用的政治准则去应对。有一个通用的准则，国家就会太平。要是不晓得一贯的准则，将要发生的变化会是无法预料的。这种准则所包含的内容一直就存在。社会之所以混乱，是因为在实施原则的时期出了差错；社会之所以稳定，是因为在实施这准则时考虑时常周详。故而，那些被人们称为好的东西，要是它们符合这种准则，就能够大胆地施行；要是背离了这种准则，就要坚决地排斥；要是违反了这种准则，极大的迷惑就会在人们心中出现。跋涉于水中的人用某些特定的标志来测量深度，要是标志是不明确的，人就会被深水淹死；治理国家的君主用准则来衡量政治，要是说这准则不明确，混乱的状态就会发生。礼制指的就是管理百姓的准则。违背了礼制，昏暗的社会就会形成；有了昏暗的社会，就有动乱随之而来。所以，政治准则是可以用在各个国度的，对外对内的标准是不相同的，对隐蔽或显露之事，都有必定的准则，百姓的灾难就能避免了。

世界上的各种事物都不过是道的一部分，每一样事物也不过是万物的一部分，愚昧的人只了解一种事物的一部分，就自认为了解了整个道，这真的是太无知了。慎子只看见跟从法治的作用，而不明白预先倡导的重要；老子只强调柔顺、无为，而不明白积极有为的重要；墨子主张平等相爱，却不明白尊卑有序的道理；宋钘认为人天生寡欲，却不晓得人天性是贪婪好利的。要是按照慎子的思想去做，那么在上者就会无意化导人们，人们想为善也就会无门可入了；要是按照老子的思想去做，那么人人都会消极顺从，贵贱也就没有分别了；要是依照墨子的思想去做，那就会造成政令无法推行；要是依照宋子的思想去做，民众就得不到教化。《尚书》上说：『不要有所偏好，应该遵循圣王的道路前进；不要有所偏恶，应该遵循圣王的道路前进。』说的便是这个意思。

正论

第十八

世俗之为说者曰：『主道利周。』是不然。

主者，民之唱也；上者，下之仪也。彼将听唱而应，视仪而动。唱默则民无应也，仪隐则下无动也；

不应不动，则上下无以相友也。若是，则与无上同也，不祥莫大焉。故上者，下之本也。上宣明则下治辨矣，上端诚则下愿悫矣，上公正则下易[1]直矣。治辨则易一，愿悫则易使，易直则易知；易一则强，易使则功，易知则明，是治之所由生也。上周密则下疑玄矣，上幽险则下渐诈矣，上偏曲则下比周矣。疑玄则难一，渐诈则难使，比周则难知。难一则不强，难使则不功，难知则不明，是乱之所由作也。故主道利明不利幽，利宣不利周。故主道明则下安，主道幽则下危。故下安则贵上，下危则贱上。故上易知则下亲上矣，上难知则下畏上矣。下亲上则上安，下畏上则上危。故主道莫恶乎难知，莫危乎使下畏己。』传曰：『恶之者众则危。』《书》曰：『克[2]明明德。』《诗》曰：『明明在下。』故先王明之，岂特玄之耳哉！

【注释】

①易：平坦，不险恶。

②克：能。

【译文】

社会上那些庸俗的创立学说的人说：『君主的管理措施以周密隐蔽为有利。』这种讲法不对。君主，好比是百姓的领唱；帝王，就像是臣下的标杆。臣民们将听着领唱来应和，看到标杆来行动。领唱沉默，那么百姓就无从应和；标杆隐蔽，那么臣下就无从行动。臣民不应和、不行动，那么君主和臣民就无法相亲善了。如此，那就和没有君主相同，不吉利的事没有比这更大的了。故而，君主是臣民的根基。君主公开明朗，那么臣民就能管理好了；君主端正诚实，那么臣民就老实忠厚了；君主公正无私，那么臣民就坦荡正直了。臣民管理得好就容易统一，老实忠厚就容易役使，坦荡正直就容易明白。臣民容易统一，国家就会强大；臣民容易役使，君主就能树立功业；臣民容易明白，君主就会明白知道。这是安定能够产生的原因。君主隐蔽不露，那么臣民就疑惑迷乱了；君主阴暗险恶，那么臣民就虚伪欺骗了；君主偏袒不公正，那么臣民就秘密勾结了。臣民疑惑迷乱就很难统一，虚伪欺骗就很难役使，秘密勾结就很难了解。臣民很难统一，那么国家就不会强盛；臣民很难役使，那么君主就不能建立功业；臣民很难了解，那么君主就不明白。这是祸乱产生的根源。故而君主的统治措施以明朗为有利而以阴暗为不利，以公开为有利而以隐蔽为不利。君主的统治措施公开明朗，那么臣民就安逸；君主的统治措施阴暗不明，那么臣民就可危。臣民安逸，就会推崇君主；臣民可危，就会鄙视君主。君主的措施容易被明白，那么臣民就亲爱君主；君主的措施很难被了解，那么臣民就害怕君主。臣民亲爱君主，那么君主就安逸；臣民害怕君主，那么君主就可危。故而君主的统治措施没有比很难被了解更坏的了，没有比使臣民害怕自己更可危的了。

古书上讲：『憎恨他的人众多，他就可危了。』《尚书》上说：『可以彰明贤明的德行。』《诗经》上讲：『彰明美德在天下。』故而古代的圣王要彰明自己，难道仅仅使自己幽深难知就可以了吗？

世俗之为说者曰：『桀、纣有天下，汤、武篡而夺之。』是不然。以桀、纣为常有天下之籍则然，亲有天下之籍则不然，天下谓在桀、纣则不然。

古者天子千官，诸侯百官。以是千官也，令行于诸夏之国，谓之王；以是百官也，令行于境内，国虽不安，不至于废易遂亡，谓之君。圣王之子也，有天下之后也，势籍之所在也，天下之宗室也；然而不材不中，内则百姓疾之，外则诸侯叛之，近者境内不一，遥者诸侯不听，令不行于境内，甚者诸侯侵削之，攻伐之，若是，则虽未亡，吾谓之无天下矣。

圣王没，有势籍者罢不足以县天下，天下无君，诸侯有能德明威积，海内之民莫不愿得以为君师，然而暴国独侈，安能诛之，必不伤害无罪之民，诛暴国之君若诛独夫，若是，则可谓能用天下矣。能用天下之谓王。

汤、武非取天下也，修其道，行其义，兴天下之同利，除天下之同害，而天下归之也。桀、纣非去天下也，反禹、汤之德，乱礼义之分，禽兽之行，积其凶，全其恶，而天下去之也。天下归之之谓王，天下去之之谓亡。故桀、纣无天下而汤、武不弑君，由此效之也。汤、武者，民之父母也；桀、纣者，民之怨贼也。今世俗之为说者，以桀、纣为君而以汤、武为弑，然则是诛民之父母而师民之怨贼也，不祥莫大焉。以天下之合为君，则天下未尝合于桀、纣也。然则以汤、武为弑，则天下未尝有说也，直堕[①]之耳！

故天子唯其人。天下者，至重也，非至强莫之能任；至大也，非至辨莫之能分；至众也，非至明莫之能和。此三至者，非圣人莫之能尽。故非圣人莫之能王。圣人备道全美者也，是县天下之权称也。

桀、纣者，其知虑至险也，其志意至暗也，其行为至乱也；亲者疏之，贤者贱之，生民怨之，禹、汤之后也，而不得一人之与；刳比干，囚箕子，身死国亡，为天下之大僇，后世之言恶者必稽焉，是不容妻子之数也。故至贤畴[②]四海，汤、武是也；至罢不容妻子，桀、纣是也。今世俗之为说者，以桀、纣为天下，而臣汤、武，岂不过甚矣哉！譬之，是犹伛巫、跛匡大自以为有知也。

故可以有夺人国，不可以有夺人天下；可以有窃国，不可以有窃天下也。夺之者可以有国，而不可以有天下，窃可以得国，而不可以得天下。是何也？曰：国，小具也，可以小人有也，可以小道得也，可以小力持也；天下者，大具也，不可以小人有也，不可以小道得也，不可以小力持也。国者，小人可以有之，然而未必不亡也，天下者，至大也，非圣人莫之能有也。

【注释】

①堕：毁谤。

②畴：通『帱』，覆盖。

【译文】

社会上那些庸俗的创立学说的人讲：『夏桀、商纣掌握天下，商汤、周武王把它篡夺了。』这种讲法错误。

觉得夏桀、商纣曾经有过掌握天下的势力，那是对的；觉得他们亲自控制着统治天下的势力，那就错了；觉得天下都控制在夏桀、商纣手中，那也是错误的。

古代天子有上千个官吏，诸侯有上百个官吏。依赖这上千个官吏，政令能推行到中原各诸侯国，就可称作为掌握天下的帝王；依赖这上百个官吏，政令能推行到国境之内，国家就算不安定，还不至于被罢黜撤换垮台消亡，就可称作为诸侯国的国君。圣明帝王的子孙，是掌握天下的后代，是权势的占有者，是天下人所推崇的帝王之家，不过要是没有才能又不公正，内则百姓埋怨他，外则诸侯反叛他，近处是境内不统一，远处是诸侯不听从，政令不能在境内实行，甚而至于诸侯侵略分割他，攻打讨伐他；像这样，那么他就算还没有灭亡，我也要说他已经失去天下了。

圣明的帝王死了，那些拥有权势的后代没有德才，不可以用来控制天下，天下等于没有了君主。诸侯中要是有人可以德行贤明威信崇高，那么天下的人民就无不愿意获得他让他做自己的君长；不过暴君统治的国家偏偏奢侈放纵，如何能杀掉暴君呢，要是确保不伤害没有罪过的百姓，那么杀掉暴虐之国的君主就像杀掉一个孤独无依的人似的。如此，就能够说是可以使用天下的百姓了。可以使用天下百姓的就称为帝王。

汤、武不是争夺了天下，而是由于修道行义，为天下人兴利，为天下人除害，天下人才顺从了他们。桀、纣不是被夺去了天下，而是由于他们违背了禹、汤的道德，扰乱了礼义秩序，行同禽兽，罪恶累积，恶事做尽，天下人才背弃了他们。天下人都投奔的叫作王，天下人都离弃的称为自取灭亡。故而桀、纣根本就没有拥有天下，汤、武也根本没有弑君，从这个道理能够获得验证。汤、武是人民的父母，桀、纣则是人民怨恨的残贼。现在普通人的看法，觉得桀、纣是君主，而汤、武弑杀了君主，如此，等于是要杀人民的父母，而推尊人民的怨贼了，这实在是不吉祥啊！要是觉得人心所归才能叫作君主，那么天下从来就没有归于桀、纣。如此讲来，觉得汤、武为弑君之人，则非但根本没有任何道理，并且简直是毁谤了！

故而，能不能当君主，要看他的德行，而不是看他的势位。天下是最重的东西，不是最强毅的人就不能够担当；天下是最大的东西，不是最明察的人就不能够处置得各得其分；天下是复杂的东西，不是最圣明的人就不能够使之和睦。故而若不是圣人根本就做不了王。圣人拥有了所有的美德，是衡量天下的准则。

桀、纣这等的人，其思虑至为险恶，其思想情感至为卑下，其行为至为淫乱；亲近的人远离他们，贤能的人小瞧他们，老百姓则憎恶他们，即使是禹、汤的后代却得不到一个人的帮助；挖掉比干的心，囚禁箕子，落得身死国亡，为天下耻笑的结果，后世人说到恶君者无不以之为例证；这是连妻子儿女都保不住的一定道理。故而最贤能的人能保全四海，汤、武便是如此的人；最无能的人连妻子儿女都不能保全，桀、纣便是如此的人。如今世俗人的说法，觉得桀、纣拥有天下而以汤、武为其臣子，岂不是错得太严重了！打个比喻说，这就如同一个跛足而驼背的巫自觉得高明一样。

故而能够有夺人国家的事，但不能够有夺人天下的事；能够有窃国之事，不能够有窃天下之事。篡夺能够占有一个诸侯国，但不能拥有天下；偷窃能够占有一个诸侯国，却不能够获得天下。这是由于什么？答：国家，是小器物，能够为小人所占有，能够用小手段得到，能够凭借小的力气保持；天下，是大器，不能够为小人所占有，不能够用小手段得到，不能够凭借小的力气保持。国家，小人能够拥有，但未必不会灭亡；天下是至大之物，除了圣人没有人能获得。

世俗之为说者曰：『治古无肉刑，而有象刑。墨黥；慅婴；共，艾①毕；菲，對屨；杀，赭衣而不纯。治古如是。』是不然。

以为治邪？则人固莫触罪，非独不用肉刑，亦不用象刑矣。以为人或触罪矣而直轻其刑？然则是杀人者不死，伤人者不刑也。罪至重而刑至轻，庸人不知恶矣，乱莫大焉。凡刑人之本，禁暴恶恶，且征其未也。杀人者不死，而伤人者不刑，是谓惠暴而宽贼也，非恶恶也。故象刑殆非生于治古，并起于乱今也。治古不然。凡爵列、官职、赏庆、刑罚皆报也，以类相从者也。一物失称，乱之端也。夫德不称位，能不称官，赏不当功，罚不当罪，不祥莫大焉。昔者武王伐有商，诛纣，断其首，县之赤旆。夫征暴诛悍，治之盛也。杀人者死，伤人者刑，是百王之所同也，未有知其所由来者也。刑称罪则治，不称罪则乱。故治则刑重，乱则刑轻；犯治之罪固重，犯乱之罪固轻也。《书》曰：『刑罚世轻世重。』此之谓也。

世俗之为说者曰：『汤、武不能禁令。是何也？曰：楚、越不受制。』是不然。

汤、武者，至天下之善禁令者也。汤居亳，武王居鄗，皆百里之地也，天下为一，诸侯为臣，通达之属莫不振动从服以化顺之，曷为楚、越独不受制也？彼王者之制也，视形势而制械用，称远迩而等贡献，岂必齐哉！故鲁人以糖，卫人用柯，齐人用一革，土地刑制不同者，械用备饰不可不异也。故诸夏之国同服同仪，蛮、夷、戎、狄之国同服不同制。封内甸服，封外侯服，侯、卫宾服，蛮夷要服，戎狄荒②服。甸服者祭，侯服者祀，宾服者享，要服者贡，荒服者终王。日祭、月祀、时享、岁贡、终王，夫是之谓视形势而制械用，称远近而等贡献，是王者之制也。彼楚、越者，且时享、岁贡，终王之属也，必齐之日祭、月祀之属然后曰受制邪？是规磨之说也，沟中之瘠也，则未足与及王者之制也。语曰：『浅不足与测深，愚不足与谋知，坎井之蛙不可与语东海之乐。』此之谓也。

【注释】

①艾：通『刈』，割。

②荒，无常。

【译文】

社会上那些庸俗的创立学说的人说：『管理得很好的古代社会没有肉刑，而不过象征性的刑罚。用黑墨画脸来替代脸上刺字的黥刑；割鼻子的劓刑，用系上草制的帽带来替代；阉割生殖器的宫刑，用割去衣服前的蔽膝来替代；砍掉脚的剕刑，用穿麻鞋来替代；杀头的死刑，用穿上红褐色的衣服而不做衣领来替代。

管理得很好的古代社会就像如此。』此种讲法错误。

难道觉得社会已经管理好了吗？如果人本就没有谁会犯罪，肉刑自然也就用不着了，象征性的刑罚也就没有存在的必要了。觉得人还是要犯罪，不过把刑罚减轻了吗？如此做的结果便是，杀人的不会受到极刑，伤人的不会受到应该的惩处。极重的罪责，却用极轻的刑罚，让人们就不明白畏惧和憎恨犯罪了，这要算是最大的祸患了。从来惩罚人的根本目的，便是要让暴行停止、恶行藏匿，而且防范未来。此处杀人的不用处死来惩罚，伤害人的不会给予任何的惩处，这是善待暴徒的同时放纵强盗，并不是反对作恶。故而，象征性的刑罚应当不是存在于管理得很好的古代社会，而应当是存在于混乱的今天。管理得很好的古代完全不是这样。各种爵位、官职、奖赏、刑罚都是一种回报的方式，与所施的行为是相当的。如果说对一件事情给予了不适当奖罚，祸乱就因此出现。德行和地位不相符合，能力和官职不相符合，奖赏和功劳不相符合，刑罚和罪行不相符合，这应当算作是最为不吉利的事了。以前，周武王讨伐商王朝，用砍头的方式惩处了商纣，不仅这样，还把他的首级挂在红旗的飘带上。这一征讨暴君惩治恶徒的事情，是政治史上的一项功绩。杀人者处死，伤人受到惩处，历代帝王全是这样，至于说它是从什么时代传下来的无从晓得。刑罚和罪行相称了，社会才能有秩序；刑罚和罪行不相称，社会就会混乱。这便是说，社会有秩序，惩处就会重；社会混乱，刑罚才会轻。道理在于，在有秩序的时代所犯的罪，原本就很重；在混乱的时代所犯的罪，原本就很轻。《尚书》中说：『惩处在有的社会环境中轻，有的社会环境中重。』情形是相同的。

世俗之人有一种讲法：『汤、武的禁令有不能达到之处，为何如此说？因为楚国、越国就不受其礼制的管辖。』此种讲法是错误的。

汤、武是天下最擅长施行禁令的人了。商汤住的亳城，周武王住的鄗京，都不过是百里之地，而天下却能统一，诸侯都能臣服，全部交通所达之地的人，都害怕他们的威力，服从他们的统治，受到教化而顺从他们，如何能说楚国、越国单单不受其礼制的管辖呢？那时候，王者的制度，是依据不同的地区制定不同的器用，依据距离的远近制定进贡的物品，何必必须相同呢？故而鲁国人用碗，卫国人用盂，齐国人用一革，各地环境和习惯不同，器用和各种装扮物也就必定不一样。故而中原地区各国服侍同一个天子而制度一样，边远少数民族的属国也服侍同一个天子，制度却不一样。天子直接管辖的领地内以交纳农作物来朝贡天子，天子直接管辖的地区外围以守候放哨来朝贡天子，再向外负责守望保卫的地区则以宾客的身份按时进贡来朝贡天子，南蛮、东夷等少数民族地区以接受约束朝贡天子，西戎、北狄等少数民族地区以不固定的进贡来朝贡天子。以交纳农作物来朝贡天子的地区负责供给祭祀祖父、父亲的财物，以守候放哨来朝贡天子的地区负责供给祭祀曾祖、高祖的财物，以宾客身份按时进贡来朝贡天子的地区负责供给祭祀远祖、始祖的财物，以接受约束来朝贡天子的地区负责供给祭祀天神的财物，以不固定的进贡来朝贡天子的地区要认可天子的统治地位。每日要祭祀一次祖父、父亲，每个月要祭祀一次曾祖、高祖，每个季度要祭祀一次远祖、始祖，每年要祭祀一次天神，每一代天子死了就要朝见一次就位的新天子以认可他的统治地位。这就是所谓的依据各地的情形来制造器械用具，衡量远近来规定朝贡的等级差别，这便是王者的制度。那楚国、越国，仅仅是进贡每季祭祀、每年祭祀的祭品以及一代天子死了之后要来认可新天子一类的国家，难道必须使他们与那些供给每天祭祀、每月祭祀的祭品一类的国家相同，之后才说他们『受制约』了吗？这是有错误的讲法啊。这种人真像山沟中的僵尸，不值得和他谈及圣王的制度。俗语说：『浅陋的人不值得和他测度深刻的事，愚蠢的人不值得和他商量智慧的事，废井中的青蛙不能和它讲说东海中的乐趣。』说的便是此种情况。

世俗之为说者曰：『尧、舜擅让。』是不然。

天子者，势位至尊，无敌于天下，夫有谁与让矣？道德纯备，智惠甚明，南面而听天下，生民之属莫不振动从服以化顺之，天下无隐士，无遗善，同焉者是也，异焉者非也，夫有恶擅天下矣？

曰：『死而擅之。』是又不然。

圣王在上，图德而定次，量能而授官，皆使民载其事而各得其宜；不能以义制利，不能以伪饰性，则兼以为民。圣王已没，天下无圣，则固莫足以擅天下矣。天下有圣而在后者，则天下不离，朝不易位，国不更制，天下厌然与乡无以异也；以尧继尧，夫又何变之有矣？圣不在后子而在三公，则天下如归，犹复而振之矣，天下厌然与乡无以异也；以尧继尧，夫又何变之有矣？唯其徙朝改制为难。故天子生，则天下一隆，致顺而治，论德而定次。

死则能任天下者必有之矣。夫礼义之分尽矣，擅让恶用矣哉？

曰：『老衰而擅。』是又不然。

血气筋力则有衰，若夫智虑取舍则无衰。

曰：『老者不堪其劳而休也。』是又畏事者之议也。

天子者，势至重而形至佚，心至愉而志无所诎，而形不为劳，尊无上矣。衣被则服五采，杂间色，重文绣，加饰之以珠玉。食饮则重大牢而备珍怪，期[1]臭味，曼而馈，代睪而食，《雍》而彻乎五祀，执荐者百人侍西房。居则设张容，负依而坐，诸侯趋走乎堂下。出户而巫觋有事，出门而宗祀有事，乘大辂、趋越席以养安，侧载睪芷以养鼻，前有错衡以养目，和鸾之声，步中《武》《象》，驺中《韶》《护》以养耳；三公奉轭持纳，诸侯持轮、挟舆、先马；大侯编后，大夫次之；小侯、元士次之；庶士介而夹道，庶人隐窜莫敢视望。居如大神，动如天帝，持老养衰，犹有善于是者与不？老者，休也，休犹有安乐恬愉如是者乎？故曰：诸侯有老，天子无老；有擅国，无擅天下。古今一也。

夫曰『尧、舜擅让』，是虚言也，是浅者之传，陋者之说也。不知逆顺之理，小大、至不至之变者也，未可与及天下之大理者也。

【注释】

①期：通『綦』，极尽。

【译文】

社会上那些庸俗的创立学说者有一种讲法：『尧、舜把王位禅让给外姓人了。』此种讲法是错误的。

天子的权势位置至高无上，无敌于天下，谁敢和他争夺呢？尧、舜的道德美好而完备，智慧和仁爱之心也照耀天下；南面而坐管理天下，一切活着的人，都小心地敬畏他们，听从并服从他们，以至于被感化而依靠他们；天下没有人敢隐姓埋名不为国家出力，也没有被遗忘的好人好事；和尧、舜的言行保持一致就正确，不同就算不对，他们是必定不会情愿把天下让给别人的呀！

有人会说：『那位置是等他们死了之后才禅让的。』这又不对。

圣明的帝王处在君位上，他们依据德行定等级，考核才能封官职，一切的贤能之人全都负起自己的职责，并且圣王的安排又各得其所；要是不能用道义来制约私利，不能依靠人为的努力来改造性情，那就统统让他们削职为民。圣王死了之后，天下要是没有圣人，那么根本就不能够有人来接受禅让了。天下要是有圣人而又是圣王的儿孙，那么天下人也就不会离心离德。故而圣王死后，朝廷上没有人会更改官位，国家也不会更改制度，天下安安稳稳，和过去没有什么不同。这是用尧相同的圣王来继承尧，哪会有什么更改呢？要是圣人不出在圣王的儿孙之中而出在辅佐大臣之中，那么天下人就像回家看看似的，到朝中朝拜一次对新君王表示一下敬意也就一切如故了；如此，天下也会安安稳稳地一仍其旧，和过去没有什么两样；这依然是用尧相同的圣王来继承尧，哪会有什么更改呢？要是改朝换代、更改制度才是困难的。故而，要是圣明的天子还活着，天下人就会专一地崇敬他，极其服从他，社会也极有秩序；人人都依据他的德行来确定各自的等级位次便是了。

只要天子死了，可以负起管理天下重任的继承人是必定会有的。先王的礼义制度已经预先决定了各人的名分，全都落实得好好的，哪里还用得上什么禅让呢？

有人会说：『圣王年老体衰，这才把王位禅让了。』这又错了。人的精神体力的衰退是很正常的情形，不过对于智慧、分析问题的能力、判断选择的能力却是永久存在的。

有人说：『年迈的人不能承担这样劳累的工作才下来休息的。』这又是怕事的人所说的。君王有着很大的权力，并且身体状况健康，心态积极使得他们没有不能实现的事情，从这个意义上讲，天子的身体不会由于统治天下的工作而觉得劳苦，他具有无上的尊贵。所穿的服装：五色的上衣、杂色的下衣，上面带有花纹图案的刺绣，还有用来修饰衣服的珠玉。吃的饮食：牛、羊、猪齐备，接连不断，珍奇的佳肴常常会出现，各种甘美的味道应有尽有，伴随着悠扬的音乐送来食物，在鼓声中进餐，在《雍》曲响起的时节把宴席撤走，放回灶上用来祭祀灶神，在西厢房有上百个端菜的人为他服务。坐在天子的地位上执政，帷帐和小屏风在那里放着，背靠大屏风坐在前面，诸侯在堂下有次序严肃地前来朝见。出宫门的时节，巫觋就要为他扫除不祥，出王城大门时，大宗伯、大祝就要为他祭神祈福；坐上宽敞的大车，脚下踩着柔软的蒲席，身体一直保持平衡端正，身边放有香草散发清新的味道，车前有纵横交错的花纹来调养他的眼睛，在车子慢行的时节，车铃的声音和着《武》《象》的节奏，在车子飞驰的时节，车铃的声音和着《韶》《頀》的节奏，这音乐都使他的耳朵得到享受。三公扶着车轭、握着缰绳，有的诸侯扶着车轮，有的诸侯在车厢两侧保护着，有的在马前指引前进的方向，大国诸侯在车后依次地排列，大夫在他们的后面跟着，小国诸侯和那些天子任命的高级文官则在大夫的后面跟随着，士兵们身着铠甲在道路两旁警卫，百姓们一个个都藏起来没有人敢出来观看。天子端坐着像神似的，行为像自然没有拘束，安享余年的生活，保持良好的身体，还有比这更好的吗？老年人都要有安静的环境来修养，还有比这样的安定快乐更好的吗？故而说：诸侯会有年迈辞职的，君主不会有如此的情形；诸侯传让自己的国家，天子是不会去禅让天下的。古往今来，道理全是相同的。

那些说『尧、舜把王位禅让给了别人』，是一种不符合实际情况的胡言乱语，是浅薄之人的传闻，是缺少见解之人的乱语。他们这些人并不清楚是否违反了世间人情的道理，不晓得国家和天下、至尊与平凡之间的差异，天下的道理是不可以和这些人谈论的啊。

世俗之为说者曰：『尧、舜不能教化。』是何也？曰：『朱、象不化。』是不然也。尧、舜，至天下之善教化者也，南面而听天下，生民之属莫不振动从服以化顺之。然而朱、象独不化，是非尧、舜之过，朱、象之罪也。尧、舜者，天下之英也；朱、象者，天下之嵬、一时之琐①也。今世俗之为说者，不怪朱、象而非尧、舜，岂不过甚矣哉？夫是之谓嵬说。羿、蠭门者，天下之善射者也，不能以拨弓曲矢中微；王梁、造父者，天下之善驭者也，不能以辟马毁舆致远；尧、舜者，天下之善教化者也，不能使嵬琐化。何世而无嵬？何时而无琐？自太皞、燧人莫不有也。故作者不祥，学者受其殃，非者有庆。《诗》曰：『下民之孽，匪降自天；噂沓背憎，职竞由人。』此之谓也。

世俗之为说者曰：『太古薄葬，棺厚三寸，衣衾三领，葬田不妨田，故不掘也。乱今厚葬，饰棺，故掘也。』是不及知治道，而不察于掘不掘者之所言也。

凡人之盗也，必以有为，不以备不足，足则以重有余也。而圣王之生民也，皆使当厚优犹不知足，而不得以有余过度。故盗不窃，贼不刺，狗豕吐菽粟，而农贾皆能以货财让；风俗之美，男女自不取于涂，而百姓羞拾遗。故孔子曰：『天下有道，盗其先变乎！』虽珠玉满体，文绣充棺，黄金充椁，加之以丹矸，重之以曾青，犀、象以为树，琅玕、龙兹、华觐以为实，人犹且莫之掘也。是何也？则求利之诡缓，而犯分之羞大也。

夫乱今然后反是。上以无法使，下以无度行，知者不得虑，能者不得治，贤者不得使。若是，则上失天性，下失地利，中失人和；故百事废，财物诎②而祸乱起。王公则病不足于上，庶人则冻馁羸瘠于下；于是焉桀、纣群居，而盗贼击夺以危上矣。安禽兽行，虎狼贪，故脯巨人而炙婴儿矣。若是，则有何尤掘人之墓、抉人之口而求利矣哉？虽此倮而薶之，犹且必掘也，安得葬薶哉？彼乃将食其肉而龁其骨也。夫曰：『太古薄葬，故不掘也；乱今厚葬，故掘也。』是特奸人之误于乱说，以欺愚者而淖陷之以偷取利焉，夫是之谓大奸。传曰：『危人而自安，害人而自利。』此之谓也。

【注释】

①琐：指行为恶劣的人。

②诎：同『屈』，竭，尽。

【译文】

一些庸俗的理论家讲：『尧、舜不能教育、感动人。』这种讲法的依据是什么呢？他们说：『由于丹朱和象都没有被感动。』此种讲法是错误的。

尧和舜，是全天下最擅长教育人感动人的了，他们面南而坐治天下，全部的百姓无不惊恐敬畏，顺从服从，以至于被感化而依靠着他们。不过只有尧的儿子丹朱、舜的弟弟象，却不能被感化。但这并非尧、舜的过错，而是丹朱和象的过错。尧、舜是世间的英杰，丹朱和象是世间的怪物，时代的庸人。如今，那些庸俗理论家不指责丹朱和象却非议尧、舜，岂不是差之毫厘，谬以千里吗？此等讲法真的是奇谈怪论。羿和逢蒙，是天下最擅长射箭的人，不过他们不能用别扭的弓和弯曲的箭去射中微小的目标；王良、造父，是天下最擅长驾车的人，但要是给他们瘸腿马和坏车子照样到不了远方的目的地；尧、舜是天下最擅长教育人感化人的了，但他们正像善射和善驭的人那般，不能使怪僻鄙陋的人转化。哪个社会没有怪僻的人？哪个时代没有鄙陋的人？能够说，自从太皞氏、燧人氏以来，没有什么时代没有这类人。故而那些理论家糊涂，随着他们学习的人就要受毒害，只有非难他们，才可发现希望。《诗经》上说：『百姓的罪孽和灾难，并非从上天降下来；面前唠叨背后恨，主要是人在作祟。』讲的便是这个道理。

那些庸俗的理论家讲：『远古时代的葬礼注重节俭，棺材板不过三寸厚，衣服不过三套，被子不过三条，埋在地里不堆坟丘而不妨碍种地，故而不会被盗挖。如今的社会很混乱，葬礼奢侈，用珠宝来装饰棺材，故而才会引来盗墓贼的盗挖。』讲这话的人，还没弄懂治国之道，故而对有没有盗墓贼的缘由也不知道。

大凡人们去偷窃，必定是有缘由的，不是为了让自己不够用的东西齐备，便是为了让自己绰绰有余的东西更富余。圣王们养育民众，让他们个个富有宽裕而又知足；不让他们有过分多余的财物，也不能超过礼制规定的准则。故而，窃贼不偷窃，强盗不抢劫，不杀人；猪狗不会吃粮食，农夫商人都把财物给别人；习俗是这样的美好，男男女女不在路上相会，而民众都以拾别人丢的东西为羞耻。故而孔子说：『世间有道，从盗贼的变化最先看得出啊！』如此死者即使珠玉满身，棺材里充满了色彩美丽的丝织品，棺椁上涂满了黄金，上头用朱砂、铜金涂饰，用犀角象牙做树，用琅玕、龙兹、华觐做果实，人也不会去挖墓的。这由于什么呢？由于人求利的诡诈之心不那么急切了，而以违反礼义为耻。

现在社会混乱，与古代相反。君主不依赖法度役使百姓，臣民也不照法度去办事，有才智的人不能去为国效力，有才能的人没机会当官去为百姓服务，有德行的人没有机会使唤人。这样啊，君主错失农时，百姓丧失地利，人人失和，不能同心协力。故而，百事俱废，财物紧缺，祸乱也就出现了。天子诸侯们身处上位只忧虑财物的短缺，民众则在下面风餐露宿，不得安宁；桀、纣这类的暴君就蜂拥而至，占领各国的君位，盗贼这时期也就开始群起而动，一直危及到他们的君主了。禽兽般横行、虎狼般贪婪，发生了把大人做成肉干把婴儿做成烤肉当作美味的情况。此种情形之下，又如何能指责盗墓人盗掘死人的坟墓、撬开死人的嘴巴来获得利益的行为呢？在此种情形之下，就算是赤身裸体被埋葬的死人，也会招来盗墓者的攻击，这如何能埋葬呢？他们会把死人的肉吃掉，啃干死人的骨头。故而，『远古时代节俭的葬礼，不会招致盗墓者的挖掘；混乱的当今奢侈的葬礼，很难躲避盗挖』，之所以如此说，是邪恶的人被谬论迷住了，反过来又用它来欺骗那些没有头脑的人进而谋害他们，从中获利是他们的目的，这就能够看作是最大的邪恶了。古书上说：『让他人陷入危难来获得自己的安全，让他人遭到迫害来保全自己的好处。』讲的正是此种人。

子宋子曰：『明见侮之不辱，使人不斗。人皆以见侮为辱，故斗也；知见侮之为不辱，则不斗矣。』

应之曰：『然则亦以人之情为不恶侮乎？』曰：『恶而不辱也。』

曰：『若是，则必不得所求焉。凡人之斗也，必以其恶之为说，非以其辱之为故也。今俳优、侏儒、狎徒詈侮而不斗者，是岂钜知见侮之为不辱哉？然而不斗者，不恶故也。今人或入其央渎，窃其猪彘，则援剑戟而逐之，不避死伤，是岂以丧猪为辱也哉？然而不惮斗者，恶之故也。虽以见侮为辱也，不恶则不斗；虽知见侮为不辱，恶之则必斗。然则斗与不斗邪，亡于辱之与不辱也，乃在于恶之与不恶也。夫今子宋子不能解人之恶侮，而务说人以勿辱也，岂不过甚矣哉？金舌弊口，犹将无益也。不知其无益，则不知；知其无益也，直以欺人，则不仁。不仁不知。辱莫大焉。将以为有益于人耶？则与[1]无益于人也，则得大辱而退耳！说莫病是矣。』

子宋子曰：『见侮不辱。』

应之曰：『凡议，必先立隆正，然后可也。无隆正则是非不分而辨讼不决，故所闻曰：「天下之大隆，是非之封界，分职名象之所起，王制是也。」故凡言议期命是非以圣王为师。而圣王之分，荣辱是也。是有两端矣。有义荣者，有势荣者；有义辱者，有势辱者。志意修，德行厚，知虑明，是荣之由中出者也，夫是之谓义荣。爵列尊，贡禄厚，形势胜，上为天子诸侯，下为卿相士大夫，是荣之从外至者也，夫是之谓势荣。流淫污僈，犯分乱理，骄暴贪利，是辱之由中出者也，夫是之谓义辱。詈侮捽[2]搏，捶笞膑脚，斩断枯磔，藉靡后缚，是辱之由外至者也，夫是之谓势辱。是荣辱之两端也。故君子可以有势辱，而不可以有义辱；小人可以有势荣，而不可以有义荣。有势辱无害为尧，有势荣无害为桀。义荣势荣，唯君子然后兼有之；义辱势辱，唯小人然后兼有之。是荣辱之分也。圣王以为法，士大夫为道，官人以为守，百姓以为成俗，万世不能易也。

『今子宋子则不然，独诎容为己，虑一朝而改之，说必不行矣。譬之，是犹以抟涂塞江海也，以焦侥而戴太山也，蹎跌碎折不待顷矣。二三子之善于子宋子者，殆不若止之，将恐得伤其体也。』

子宋子曰：『人之情，欲寡，而皆以己之情为欲多，是过也。』故率其群徒，辨其谈说，明其譬称，将使人知情之欲寡也。

应之曰：『然则亦以人之情为目不欲綦色，耳不欲綦声，口不欲綦味，鼻不欲綦臭，形不欲綦佚？此五綦者，亦以人之情为不欲乎？』

曰：『人之情，欲是已。』

曰：『若是，则说必不行矣。以人之情为欲此五綦者而不欲多，譬之是犹以人之情为欲富贵而不欲货也，好美而恶西施也。古之人为之不然。以人之情为欲多而不欲寡，故赏以富厚，而罚以杀损也，是百王之所同也。故上贤禄天下，次贤禄一国，下贤禄田邑，愿悫之民完衣食。今子宋子以是之情为欲寡而不欲多也，然则先王以人之所不欲者赏而以人之所欲者罚邪？乱莫大焉。今子宋子严然而好说，聚人徒，立师学，成文曲，然而说不免于以至治为至乱也，岂不过甚矣哉？』

【注释】

①与：通『举』，全部。

②捽（zuó）：揪住。

【译文】

宋钘讲道：『晓得被人侮辱而不觉得耻辱，就能让人们不争斗。每个人都晓得受到欺侮是耻辱，故而相互间争斗不休；晓得受到欺侮并不是耻辱的道理，就不会有争斗了。』

请问：『照如此说来，是觉得不憎恶被欺侮是人之常情呢？』他说：『憎恶但并不认为是耻辱。』

答道：『如果是这样，宋子的目的肯定是达不到了。大凡人之间出现争斗，必定是出于憎恶，而不是由于受到侮辱。如今那些唱戏的优伶、滑稽演员、没轻没重开玩笑的人，他们互相笑骂侮辱而并不互相争斗起来，他们哪里是由于懂什么受到侮辱而不觉得耻辱的道理呢？他们不争斗，是由于他们不讨厌对方的侮辱。如今要是有人进了你家猪圈，偷了你的猪，你必定会操起剑戟追赶窃贼，置死伤于不顾。可这哪是由于你把丢猪看为耻辱呢？可你依然不怕争斗，那是由于憎恨小偷啊。故而，就算把受到侮辱看成耻辱，要是不憎恨，就依然不会争斗，就算你懂得了受到侮辱不感觉耻辱的道理，但要是憎恨，还必定会争斗。如此看来，争斗不争斗，不在于是否觉得耻辱，而在于是否有憎恨。如今宋先生不能消除人们受到侮辱的憎恨，却努力劝人说：别把受到侮辱当作耻辱。这岂不是大错特错了吗？就算能言善辩的铁嘴鸭把嘴皮磨破地讲这道理，或许还是于事无补，没什么意义。不知道这种说教毫无裨益，那是不明智；清楚毫无裨益却故意要用它来骗人，那便是不仁爱。既不仁爱又不明智，这是最大的耻辱了吧！宋先生觉得自己的理论有益于人，实际上却对人无所裨益，只落得个大红脸儿而自己收场！天底下或许没有比这更糟的理论了吧！」

宋钘说：『被侮辱而不觉得耻辱。』

答复他道：『但凡议论，必定要树立一个最高的准则才行，没有一个最高准则，那么对错就不能区分而争辩也无法解决。我过去听到的话说：「天下最大最高的准则，判断对错的界线，分掌职务、名物制度的起源，便是古代圣王的制度。」故而，但凡发言立论或约定事物的名称，它们的对错标准都要以圣王当作榜样；而圣王的道德准则，是看重光荣耻辱的。光荣、耻辱各有两个方面，有道义方面的光荣，有势位方面的光荣，有道义方面的耻辱，有势位方面的耻辱。志向美好，道德淳厚，智虑精明，这是从内心产生出来的光荣，这称为道义方面的光荣。爵位尊贵，贡品俸禄优厚，权势位置优越，高一点的做了天子诸侯，低一点的做了卿相士大夫，这是从外部获得的光荣，这称为势位方面的光荣。行动放荡、丑恶，违犯道义，扰乱伦理，骄横凶暴，唯利是图，这是从内心产生出来的耻辱，这称为道义方面的耻辱。受人责骂侮辱，被揪住头发挨打，受杖刑被鞭打，受膑刑被剔去膝盖骨，被砍头断手，五马分尸并弃市，被五花大绑，被反绑吊起，这是从外部获得的耻辱，这称为势位方面的耻辱。这些便是光荣耻辱的两个方面。故而君子能够有势位方面的耻辱而不能够有道义方面的耻辱，小人能够有势位方面的光荣却不能够有道义方面的光荣。有势位方面的耻辱不影响他成为尧，有势位方面的光荣不影响他成为桀。道义方面的光荣、势位方面的光荣，只有君子才能一起获得它们；道义方面的耻辱、势位方面的耻辱，只有小人才会一起占有它们。这便是光荣和耻辱方面的道理。圣王把它当作法度，士大夫把它当作原则，普通官吏把它当作准则，老百姓依据它形成习俗，这是千秋万代也不会更改的。

『如今宋先生却并非如此，他自己用委曲容忍来整饬自己，想一个早晨更改历来的道德原则，他的学说必定行不通。打个比方，这就如同是用捏成团的泥巴去填塞江海，让三尺长的矮人去驮泰山，马上就会跌倒在地，粉身碎骨了。诸位中与宋先生相好的，还不如去制止他，否则以后恐怕会影响自己的身体。』

宋钘说道：『人的本性是贪图很少的东西，但现在人们都觉得自己的本性是去要尽可能多的东西，这是错误的。』因此他带着他的弟子们，把他的言论讲得头头是道，把他的比喻讲得精辟深入，目的便是让人们都晓得人的本性是贪图很少的东西。

答复道：『这便是说，宋先生觉得人的本性就应当是，眼睛没有兴趣去看最美丽的颜色，耳朵没有兴趣去听最动听的乐曲，嘴巴没有兴趣去吃最美味的菜肴，鼻子没有兴趣去闻最好的气味，身体没有兴趣去追求最大的安逸吗？这里讲的五种极好的享受，人对它们全都没有兴趣的吗？』

他说：『本性当中，人都是希望这些享受的。』

答复道：『此等的话，前后说法就有矛盾之处了。认可人的本性是想要这五种极好的享受又没有兴趣索取很多，能够这样来说，一方面认为人的本性是想要荣华富贵的，但另一方面又对钱财、美色没有兴趣，就连西施都很憎恶。古时候的人做事并非如此。在他们看来，人的本性是想要多而不是少，故而才产生了用增加财物来作为奖赏，用减少财物来作为惩罚的做法，历代君王都是这样。故而最为优秀的贤士以天下的税收当作自己的俸禄，低一级的贤士以一国的税收当作自己的俸禄，下等的贤士以封地内的税收当作自己的俸禄，忠实的百姓要的是保全自己的吃穿。要是说宋先生所认为的古代人的本性也是想要少而非多的看法成立，这样古代的君王不就是用人们不想要的东西来当作奖赏，用人们想要的东西来当作处罚吗？这应当算是最大的混乱了。宋先生如今执着地坚信自己的看法，广收门徒，组织师生建立教学关系，著书成文，但他的学说真的是在把治世中最好的情况当作是最荒谬的事情，这难道不是犯了很大的错误了吗？』

礼论

第十九

礼起于何也？曰：人生而有欲，欲而不得，则不能无求。求而无度量分界，则不能不争；争则乱，乱则穷。

先王恶其乱也，故制礼义以分之，以养人之欲，给人之求。使欲必不穷于物，物必不屈①于欲。两者相持而长，是礼之所起也。

故礼者，养也。刍豢稻粱，五味调香，所以养口也；椒兰芬苾，所以养鼻也；雕琢、刻镂、黼黻、文章，所以养目也；钟鼓、管磬、琴瑟、竽笙，所以养耳也；疏房、檖貌、越席、床笫、几筵，所以养体也。故礼者，养也。

君子既得其养，又好其别。曷谓别？曰：贵贱有等，长幼有差，贫富轻重皆有称者也。故天子大路越席，所以养体也；侧载睪芷，所以养鼻也；前有错衡，所以养目也；和鸾之声，步中《武》《象》，趋中《韶》《护》，所以养耳也；龙旗九斿，所以养信也；寝兕、持虎、蛟韅、丝末、弥龙，所以养威也；故大路之马，必倍至教顺，然后乘之，所以养安也。孰知夫出死要节之所以养生也？孰知夫出费用之所以养财也？孰知夫恭敬辞让之所以养安也？孰知夫礼义文理之所以养情也？故人苟生之为见，若者必死；苟利之为见，若者必害；苟怠惰偷懦之为安，若者必危；苟情说之为乐，若者必灭。故人一之于礼义，则两得之矣；一之于情性，则两丧之矣。故儒者将使人两得之者也，墨者将使人两丧②之者也，是儒、墨之分也。

礼有三本：天地者，生之本也；先祖者，类之本也；君师者，治之本也。无天地，恶生？无先祖，恶出？无君师，恶治？三者偏亡焉，无安人。故礼，上事天，下事地，尊先祖而隆君师。是礼之三本也。

【注释】

①屈（jué）：竭尽。

②两丧：礼义和情性都丢失了。

【译文】

礼是在什么情况下出现的呢？答复道：人生来就有欲望；要是想要什么而不能得到，就不能没有追求；

要是一味追求而没有个标准限度，就不能不发生争夺；一发生争夺就会有祸乱，一有祸乱就会陷入困境。古代的圣王厌恶祸乱，故而制定了礼义来确定人们的名分，以此来调养人们的欲望、满足人们的要求，使人们的欲望绝不会因为物资的缘故而不得满足，物资绝不会由于人们的欲望而枯竭，使物资和欲望两者在相互制约中增长。这便是礼的起源。

故而礼义制度，是调节社会秩序以满足人们需求的。牛羊猪狗的肉，稻米和谷子用来充饥，五味用来调节口味，它们全是供养嘴巴的；椒树兰草香气芬芳，是用来调节鼻子的；器具上雕图案，礼服上绣彩纹，是用来调节眼睛的；钟、鼓、管、磬、琴、瑟、竽、笙，是用来调节耳朵的；窗户通明的房间、深邃的朝堂、柔软的蒲席、床上的竹铺、矮桌与垫席，是用来调节躯体的。故而礼这种东西，是调节社会秩序以满足人们需要的。

君子不仅获得了礼的调节，并且又遵从于礼的区别。何为区别呢？答复道：高低贵贱有着不同的等级，长幼老少有必定的差别，贫富尊卑之间、权重和位卑之间差别和不同全是存在的。故而，天子坐的是宽阔的大车，铺垫着绵软的蒲席，这都是为了调节身体而设的；身体旁边放着香草，是为了调节鼻子而设的；车前有画满美丽图案的横木，是为了调节眼睛而设的；在车子慢行时，车铃的声音与《武》《象》的节奏相合，在车子飞驰时，车铃的音乐又和《韶》《頀》的节奏相合，这是为了调节耳朵而设的；画有龙图案的旗帜下有九条飘带，是为了显示天子的神气而设的；车子上画着横卧的犀牛和蹲着的老虎，马系着的腹带是用鲨鱼皮制成的，车前挂有丝制的车帘，车耳的形状像龙形，这是为了表明天子的威严而设的；天子的大车上所配备的马，要提前把它训练得非常驯服，之后给它配上马鞍，这是为了保证安全而设的。有谁晓得舍弃生命换来名节也是为了调节生命呢？有谁晓得破费钱财是为了追求钱财呢？有谁晓得谦让之礼是为了达到安全无争斗呢？有谁晓得礼义仪式是为了调养情操呢？故而一个人看见的只是生，那么他就必定会死；要是眼睛里只有利，那么他就必定会受到损害；要是只喜欢苟且偷安，那么他就必定会面临危难；要是整日欢情于歌舞，那么他就必定会灭亡。一个人要是能一心把心思放在讲究礼义上，礼义情性就都能长期伴随着他；要是仅仅把心思放在情性的满足上，礼义情性就不能和他长久地相伴。儒家倡导的是将它们都保留下来，墨家倡导的则是将它们统统毁灭，这正是儒墨两家的分别。

礼有三个关键：天地是生存的关键，祖先是种族的关键，君长是政治的关键。没有天地，如何生存？没有祖先，种族从哪里产生？没有君长，如何能使天下太平？这三样就算部分地缺失了，也不会有安宁的人民。故而礼，上侍奉天，下侍奉地，尊重祖先而推崇君长，便是礼的三个关键。

故王者天太祖①，诸侯不敢坏，大夫士有常宗②，所以别贵始③。贵始，得之本也④。郊止乎天子⑤，而社止于诸侯⑥，道及士大夫⑦，所以别尊者事尊，卑者事卑，宜大者巨，宜小者小也。故有天下者事七世⑧，有一国者事五世⑨，有五乘之地者事三世⑩，有三乘之地者事二世，持手而食者不得立宗庙，所以别积厚者流泽广，积薄者流泽狭也。

【注释】

①天太祖：以太祖配天祭祀。太祖，每个朝代的开创皇帝。

②常宗：指『百世不迁之大宗』，即一个宗族的嫡长子传下来的大宗。

③别贵始：重视各自宗族的始祖。

④得：通『德』。

⑤郊：古代的祭天之礼。

⑥社：古代的祭地之礼。

⑦道：除丧服的祭祀。

⑧有天下者：指天子。事七世：侍奉七代祖先，即可以立七代祖先的神庙。

⑨有一国者：指诸侯。《礼记·王制》：『天子七庙，三昭三穆，与太祖之庙而七。诸侯五庙，二昭二穆，与太祖之庙而五。大夫三庙，一昭一穆，与太祖之庙而三。』

⑩五乘之地者：五十里封地，指大夫。古代十里为成，每成出兵车一辆。三乘之地者：指士。积厚：功业大。积，通『绩』。流泽：流传给后世的遗风。泽，遗风。

【译文】

故而做王的人将开国君主配天进行祭祀，诸侯也不敢毁坏始祖的宗庙，大夫和士也全是百世不变的祭祀的大宗，目的便是表示尊重各宗族的始祖。尊重始祖，便是道德的开始。只有君主才能祭天，只有诸侯以上的才能祭地，士大夫以上的都能够有除丧服的祭祀，这便是为了有所区别，只有尊贵的才可以侍奉尊贵的，卑贱的只能侍奉卑贱的，应当大的就大，应当小的就小。故而拥有天下的天子祭祀七代祖先，拥有一个国家的诸侯祭祀五代祖先，拥有五个六里见方的土地的大夫祭祀三代祖先，有三个六里见方的土地的士能够祭祀两代祖先，依靠双手来糊口的百姓不准建立祖庙，这是用来区别功绩大的人传布的恩德应当广远，功绩小的人传布的恩德应当狭窄。

大飨，尚玄尊，俎生鱼，先大羹，贵食饮之本也。飨，尚玄尊而用酒醴，先黍稷而饭稻粱；祭，齐大羹而饱庶羞；贵本而亲用也。贵本之谓文，亲用之谓理，两者合而成文，以归大一，夫是之谓大隆。故尊之尚玄酒也，俎之尚生鱼也，豆之先大羹也，一也。利爵之不醮①也，成事之不俎不尝也，三侑之不食也，一也。大昏之未发齐也，太庙之未入尸也，始卒之未小敛也，一也。大路之素未也，郊之麻絻也，丧服之先散麻也，一也。三年之丧，哭之不文也；《清庙》之歌，一倡而三叹也；县一钟，尚拊之膈，朱弦而通越也；一也。

凡礼，始乎梲②，成乎文，终乎悦校。故至备，情文俱尽；其次，情文代胜；其下，复情以归大一也。天地以合，日月以明，四时以序，星辰以行，江河以流，万物以昌；好恶以节，喜怒以当，以为下则顺，以为上则明，万物变而不乱，贰之则丧也。礼岂不至矣哉！立隆以为极，而天下莫之能损益也。本末相顺，终始相应，至文以有别，至察以有说，天下从之者治，不从者乱；从之者安，不从者危；从之者存，不从者亡，小人不能测也。

礼之理诚深矣，『坚白』『同异』之察入焉而溺；其理诚大矣，擅作典制辟陋之说入焉而丧；其理诚高矣，暴慢、恣睢、轻俗以为高之属入焉而队③。故绳墨诚陈矣，则不可欺以曲直；衡诚县矣，则不可欺以轻重；规矩诚设矣，则不可欺以方圆；君子审于礼，则不可欺以诈伪。故绳者，直之至；衡者，平之至；规矩者，方圆之至；礼者，人道之极也。然而不法礼，不足礼，谓之无方之民；法礼足礼，谓之有方之士。

礼之中焉能思索，谓之能虑；礼之中焉能勿易，谓之能固。能虑能固，加好者焉，斯圣人矣。故天者，高之极也；地者，下之极也；无穷者，广之极也；圣人者，道之极也。故学者，固学为圣人也，非特学为无方之民也。

【注释】

①醮：喝光。

②棁（tuō）：通『脱』，疏略。

③队：同『坠』，失败。

【译文】

在太庙合祭历代祖先时，以盛着清水的酒器还有俎里盛着的生鱼为上等祭品：开始献上不加调味品的肉汁，便是为了尊重饮食的本源。四季祭祀远祖时，酒器里装着清水为上等祭品，酌献甜酒；开始献上黍、稷，再陈供稻粱；每月祭祀近祖时，先进献未加调味品的肉汁，再盛陈各种美味的饮食；这些全是为了尊重饮食的本源而又接近真实的食用。敬重本源称为形式上的修饰，接近实际称为内容上的合理；两者结合就形成礼仪制度，不过又使它趋向于远古质朴的统一性，这能够称之为礼所表示的最大崇敬之意。故而酒杯中以清水替代酒为上等祭品，俎中以生鱼为上等祭品，豆中先盛不加调味品的肉汁，这三种行为与远古的质朴是相同的。代替死者受祭的人不把佐食的人所献的酒喝光，祭礼完毕时俎中的祭品留下不吃，劝受祭者饮食的三次劝食不食，这三种行为与远古的质朴是相同的。天子婚礼中还没有喝交杯酒时，祭太庙而代表死者受祭的人尚未进庙时，人刚死还没有换上寿衣时，这全是质朴而未加文饰的时候，和远古的质朴相同。天子祭天的大车用未染色的丝绸做车帘，郊外祭天时头戴麻布制的礼帽，居丧时先散乱地系上麻带，这也是为了和远古的质朴相同。三年期的服丧，痛哭时放声直号而不带声调；《清庙》的颂歌，一人领唱而三个人随声咏叹；乐器只挂一口钟，推崇使用拊搏与鼙；把琴弦染成红色而打通瑟底的孔；这三种行为也是为了和远古的质朴相同。

但凡礼，一般从疏略开始，到有了礼节仪式就形成了，结果又达到使人称心如意的程度。故而最完备的礼，所要表示的感情和礼节仪式都发挥得淋漓尽致；比它次一等的，是所要表示的感情和礼节仪式互有参差；那最下等的，便是使所要表达的感情回复原始状态，从而趋向于远古的质朴。但不管怎样，天地由于礼的作用而风调雨顺，日月由于礼的作用而光辉明亮；四季由于礼的作用而井然有序，星辰由于礼的作用而正常运行；江河由于礼的作用而奔流入海，万物由于礼的作用而繁荣昌盛；爱憎由于礼的作用而有所节制，喜怒由于有礼而恰当得宜。用礼来约束百姓，百姓就顺从，用礼来规范君主，君主就会贤明，以礼为准则，则世间万物即使变化多端也不会混乱，违背礼就会失掉这些。礼，难道不是最高的境界吗！建立完备的礼制当作最高准则，那么天下就没有什么东西能对它有所更正。礼的根本准则和具体规则相互顺应，情感和仪式相互应合，最完备的礼义，尊卑则有别，最细密的礼义，对错准则就会清楚。遵从礼义之道天下就会获得治理，不遵从就会混乱，遵从礼义之道天下就会安定，不遵从就会危险，遵从礼义之道天下就会保全，不遵从就会灭亡。小人是不能深刻理解当中的道理的。

礼的道理真的是深啊，『离坚白』『合同异』之说可谓辩察，不过一旦与礼相遇，马上就被淹没；礼的道理真是伟大啊，那些擅自编造典章制度、邪僻浅陋的讲法，一旦与礼相遇，马上就会消亡；礼的道理真的是高明啊，那些胡作非为、放荡不羁、轻薄浅俗而又自命为高的人，一旦与礼真的相遇，马上就会败倒。故而真正的绳墨标准在那里，就没法混淆曲直来欺骗人了；秤摆在前面，就没法混淆轻重来欺骗人了；规矩设立了，就没法混淆方圆欺诈人了；君子明察于礼，奸诈不实的学说就没法欺诈人了。故而绳墨是最直的，秤是最公平的，规矩是方圆的最高准则，礼则是为人、治国的最高原则。不遵守礼，不重视礼，就是不走正道的人；遵从礼，看重礼，就称为有原则的贤士。在遵从礼掌握礼的过程中可以思考探索，称为擅长思考；在遵从礼掌握礼的过程中能不变，称为坚定不移。擅长思考，坚定不移，要是再爱不释手地追求，那便是圣人了。故而，天是高的极点；地是低的底线；无边无际，是空间的极限；而圣人是道德的准则。故而学习的人，原本就该学着做个圣人，并不是只学做个没有准则的人。

礼者，以财物为用，以贵贱为文，以多少为异，以隆杀①为要。文理繁，情用省，是礼之隆也。文理省，情用繁，是礼之杀也。文理情用相为内外表里，并行而杂，是礼之中流也。故君子上致其隆，下尽其杀，而中处其中。步骤、驰骋、厉骛不外是矣，是君子之坛宇、宫廷也。人有是，士君子也；外是，民也；于是其中焉，方皇周挟，曲得其次序，是圣人也。故厚者，礼之积也；大者，礼之广也；高者，礼之隆也；明者，礼之尽也。《诗》曰：『礼仪卒度，笑语卒获。』此之谓也。

礼者，以财物为用，以贵贱为文，以多少为异，以隆②杀为要。文理繁，情用省，是礼之隆也。文理省，情用繁，是礼之杀也。文理情用相为内外表里，并行而杂，是礼之中流也。故君子上致其隆，下尽其杀，而中处其中。步骤、驰骋、厉骛不外是矣，是君子之坛宇、宫廷也。

人有是，士君子也；外是，民也；于是其中焉，方皇周挟，曲得其次序，是圣人也。故厚者，礼之积也；大者，礼之广也；高者，礼之隆也；明者，礼之尽也。《诗》曰：『礼仪卒度，笑语卒获。』此之谓也。

礼者，谨于治生死者也。生，人之始也；死，人之终也。终始俱善，人道毕矣。故君子敬始而慎终，终始如一，是君子之道，礼义之文也。

夫厚其生而薄其死，是敬其有知，而慢其无知也，是奸人之道而倍叛之心也。君子以倍叛之心接臧谷，犹且羞之，而况以事其所隆亲乎！

故死之为道也，一而不可得再复也，臣之所以致重其君，子之所以致重其亲，于是尽矣。故事生不忠厚，不敬文，谓之野；送死不忠厚，不敬文，谓之瘠。君子贱野而羞瘠，故天子棺椁七重，诸侯五重，大夫三重，士再重，然后皆有衣衾多少厚薄之数，皆有翣蒌文章之等，以敬饰之，使生死终始若一，一足以为人愿，是先王之道，忠臣孝子之极也。天子之丧动四海，属③诸侯；诸侯之丧动通国，属大夫；大夫之丧动一国，属修士；修士之丧动一乡，属朋友；庶人之丧合族党，动州里。刑余罪人之丧，不得合族党，独属妻子，棺椁三寸，衣衾三领，不得饰棺，不得昼行，以昏殣，凡缘而往埋之，反无哭泣之节，无衰麻之服，无亲疏月数之等，各反其平，各复其始，已葬埋，若无丧者而止，夫是之谓至辱。

【注释】

①杀（shài）：减少。

②隆：大量的。

③属：聚集，会合。

【译文】

礼以钱财物品为工具，以尊贵卑贱之别为制度，以享受多少为尊卑贵贱之别，以隆重、简省为要领。礼节仪式繁多，但要表示的感情、要起的作用却简单，这是隆重的礼。礼节仪式简单，但要表示的感情、要起到的作用却繁多，这是简单之礼。文饰礼仪和内心的情感内外相合，互为表里，并行相会，这便是礼的中道。故而君子，对待大礼则非常隆重，对待小礼则尽量简单，对待中等的礼则取其适中。故而，走路、疾走、快跑，君子的一切行动都不应当超出礼的范围；这就如同是君子应该住在屋宇宫廷中一般。居住在里面便是士君子，住在它的外面，便是普通人了；要是在礼的范围内，可以随意活动而又能完全符合礼的要求，这便是圣人了。故而说君子厚重的德行，是积累礼义所致；君子博大的精神，是处处遵循礼义所致；君子高尚的品德，是崇尚礼的结果；君子可以明察，是由于完全做到了礼的要求。《诗经》上说：『礼仪要是完全合乎法度，言谈笑语就会得当。』讲的便是这个意思。

礼以财物馈赠为行礼之用，将尊贵与卑贱的不同装扮作为文饰，用享受的多少显现上下等级的分别，将繁复和节俭看作是要领。繁复的礼节仪式，所要表示的情感和所起到的作用却应当是简单的，这是对隆重的礼而言的。简单的礼节仪式，所要表示的情感和所起到的作用却应当是繁复的，这是对简单的礼而言的。礼节仪式和它所要表示的情感还有所要起到的作用之间是互为表里的，二者互相交错配合，这是对适中的礼而言的。故而懂礼的君子在面对隆重的礼仪时就极尽它的隆重，在面对简省的礼仪时就极尽它的简省，而在面对适中的礼仪一样会以适中的方式来对待。慢慢地走、迅速地跑、驾着马驰骋、再剧烈地奔跑都不去超越这一规矩，君子活动范围便是如此划定的。

人的活动要是限定在这个范围内，那便是君子的风范，要是超出了这个规矩，自然就成为普通的人；要是在这个规矩中左右周旋，又能适时地符合它的次序，便成为圣人了。所以圣人之所以厚道，是靠礼的积蓄；圣人之所以大度，是靠礼的深广；圣人之所以崇高，是靠礼的高大；圣人之所以明察，是靠礼的透彻。《诗经》讲：『礼仪要是完全和法度吻合，谈吐就自然都得当。』这种情形和上面说的是相同的啊。

礼，是谨慎地处置生与死。生，是人生的开初；死，是人生的结点。结点和开初都处置得好，那么为人之道也就具备了。故而君子严肃地对待人生的开始而谨慎地对待人生的结点。对待结点与开初就像对待同一件事一般，这是君子的准则，也是礼义的具体准则。

看重人活着的时候而看轻人的死亡，这是尊敬活人的有知觉而怠慢死人的没有知觉，这是邪恶之人的准则，是一种背叛别人的心肠。君子拿背叛别人的心肠去对待奴仆、儿童，尚且觉得羞耻，更何况是用此种心肠来侍奉自己所尊敬的君主和亲爱的父母呢！

死亡对于每人来讲，只有一次，死而不可复生；故而臣子要表达对君主的尊敬，子女要表达对父母的爱戴，处置了丧事也就到头了。侍奉生者不真诚笃厚，不尊敬有礼，我们叫作粗野；葬送死者不真诚笃厚，不尊敬有礼，就叫没良心。君子鄙视粗野而把没良心叫作羞耻。故而天子的棺材有七层，诸侯有五层，大夫有三层，士有两层；此外他们在衣服被子方面也有多有少，表示着或厚或薄的数目规定；不一样的人有棺材遮蔽物及其花纹图案的等级差别，这是用这些装饰来表达对死者的恭敬之意，使每个人在生前与死后，使人在出生的时节和死亡的时节都享受一样的待遇，这全是为了酬答人们对生命的愿望。这既是先王的优良传统，也是忠臣孝子的最高准则。天子的丧事震动全天下，诸侯都要来送葬。诸侯的丧事牵动友好交往的国家，都派大夫来送葬。大夫的丧事惊扰他的国家，别的封邑要派上士来送葬。上士的丧事惊扰他的乡里，生前好友都要来送葬。普通百姓的丧事，集合同族亲属来送葬，牵动四邻八乡。受到刑罚的罪犯死了，不准聚集同族和乡党，只可由他的妻子儿女来送葬；他的棺材仅限三寸之厚，衣服被子只可有三套，棺材不准文饰；白天不能出丧，只可在黄昏埋葬；并且妻子儿女只可穿着平常的衣服去埋掉他，归来之后也不能有哭泣的礼节；不准披麻戴孝穿丧服，也没有由于亲疏关系而形成的服丧日期的等级分别，所有人都一如既往地生存，不得哀悼；已经埋掉之后，人们就像没发生什么事情一般，一切都到此为止，这被觉得是人一生最大的羞耻。

礼者，谨于吉凶不相厌①者也。紸纩听息之时，则夫忠臣孝子亦知其闵已，然而殡殓之具未有求也；垂涕恐惧，然而幸生之心未已，持生之事未辍也；卒矣，然后作具之。故虽备家，必逾日然后能殡，三日而成服。然后告远者出矣，备物者作矣。故殡，久不过七十日，速不损五十日。是何也？曰：远者可以至矣，百求可以得矣，百事可以成矣，其忠至矣，其节大矣，其文备矣。然后月朝卜日，月夕卜宅，然后葬也。当是时也，其义止，谁得行之？其义行，谁得止之？故三月之葬，其貌以生设饰死者也，殆非直留死者以安生也，是致隆思慕之义也。

丧礼之凡：变而饰，动而远，久而平。故死之为道也，不饰则恶，恶则不哀，尔则玩，玩则厌，厌则忘，忘则不敬。一朝而丧其严亲，而所以送葬之者不哀不敬，则嫌于禽兽矣，君子耻之。故变而饰，所以灭恶也；动而远，所以遂敬也；久而平，所以优生也。

礼者，断长续短，损有余，益不足，达爱敬之文，而滋成行义之美者也。故文饰、粗恶，声乐、哭泣，恬愉、忧戚，是反也；然而礼兼而用之，时举而代御。故文饰、声乐、恬愉，所以持平奉[2]吉也；粗衰、哭泣、忧戚，所以持险奉凶也。故其立文饰也，不至于窕冶；其立粗衰也，不至于瘠弃；其立声乐、恬愉也，不至于流淫惰慢；其立哭泣、哀戚也，不至于隘慑伤生。是礼之中流也。

故情貌之变，足以别吉凶、明贵贱亲疏之节，期止矣；外是，奸也；虽难，君子贱之。故量食而食之，量要而带之。相高以毁瘠，是奸人之道也，非礼义之文也，非孝子之情也，将以有为者也。故说豫娩泽，忧戚萃恶，是吉凶忧愉之情发于颜色者也。歌谣謸笑，哭泣谛号，是吉凶忧愉之情发于声音者也。刍豢、稻粱、酒醴、餰鬻、鱼肉、菽藿、酒浆，是吉凶忧愉之情发于食饮者也。卑絻、黼黻、文织、资粗、衰绖、菲繐、菅屦，是吉凶忧愉之情发于衣服者也。疏房、檖貌、越席、床笫、几筵，属茨、倚庐、席薪、枕块，是吉凶忧愉之情发于居处者也。两情者，人生固有端焉。若夫断之继之，博之浅之，益之损之，类之尽之，盛之美之，使本末终始莫不顺比[3]，足以为万世则，则是礼也。非顺孰修为之君子，莫之能知也。

【注释】

①厌，掩。

②持、奉：对待、看待。

③顺比：协调。

【译文】

礼，对于吉凶之事最为谨慎，不能让它们相互混淆。人在弥留之际，即使忠臣孝子晓得他病得很重，但殡殓的物品，还不能准备；即使流泪恐惧，但希望病者能活下来的心还存在，故而还做着侍奉活者的事；人死了，才开始准备殡殓之物。故而即使是准备充分的人家，也必定要过几天才能殡葬，三天后再穿孝服。此后去外地报丧的人才可以出发，准备物品的人才开始处理。故而殡葬，长的不超过七十天，短的不会低于五十天。这是何缘由？答：此种的话，远方吊唁的人能够赶来了，需要准备的各种东西也都齐全了，各种要办的事情也都做好了，能够说诚心到了极点，人子之孝节也都尽到了，各种器用和仪制也都完备了。此后早上占卜抉择下葬的日期，下午占卜抉择下葬的地点，之后才能下葬。在此种时节，依照礼的要求应该停止的，谁能强行再做什么？依照礼的要求该做的事情，谁能停止不做？故而三个月之后再埋葬，三个月之内效法活着时的陈设来装扮死者，这并不是为了要留下死者来安慰活人，而是对死者表示尊敬悼念的感情。

丧礼的普通准则是：人死后要装扮，举行丧礼仪式要使死者逐步远去，时间长了便恢复到经常的状态。那死亡有一种规则，即：要是对死者不装饰，就丑恶难看；丑恶难看，人们就不会哀痛了；要是死者近了，人们就会漫不经心；漫不经心，就会讨厌；讨厌了，就会怠慢；怠慢了，就会不尊敬。有朝一日死了自己恭敬的父母亲，但用来为他们送葬的却是不哀痛、不尊敬，那就近于禽兽了。君子以此为耻辱。人死后进行装扮，是用来去除丑恶难看的；举行丧礼仪式时使死者远去，是用来成全尊敬的；时间长了就恢复到平常状态，是用来调和生者的。

礼是取长补短，消减多余的、增加不足的，让表示怜惜尊敬的仪式能顺利地实施，以此让美好的德行道义在心中慢慢地养成。故而美丽的修饰和粗俗简陋，音乐和哭泣，安逸愉快和悲伤苦闷，它们全是相反的；

但礼是把它们糅在一起来用，随时拿出来交错运用。美丽的修饰、乐曲、安逸愉快，都是平安和吉祥的一种表示；粗俗简陋、哭泣、悲伤苦闷，都是凶恶和不幸的一种表示。以此礼在确立美丽修饰的规范时，妖艳的样子是要极力避免的；一起在确立粗略简陋的规范时，毁坏形体的事情也是不会做的；在确立乐曲、安逸愉快的规范时，放荡不羁的程度是不可能出现的；在确立哭泣、苦闷的规范时，过度悲伤、有损身体的极限是不会达到的。这能够称其为是礼的中庸之道。

故而神情容貌上的变化，是用来分别吉利和不幸、显示亲疏之间的礼节等级，这样就足够了；超过了这个限度，就变成了奸邪的行动；尽管很难做到，也会遭到君子的鄙视。所以要根据食量的大小吃东西，根据腰身的尺寸扎带子。用过度的哀伤毁坏自己的身体从而在别人面前证实自己的高尚，奸邪之人才会有如此的行径，它并不在礼义规定的范围之内，也不能称之为是孝子的真情，而是有其他目的。兴奋欢乐时容光焕发，愁苦悲伤时愁眉苦脸，这是遇到吉利与不幸时忧愁与快乐不同心情在容貌上的表现。歌唱时大笑，哭泣时啼号，这是遇到吉利与不幸时忧愁与快乐不同心情在音乐上的表现。刍豢、稻粱、酒醴、鬻、鱼肉、菽藿、酒浆，这分别是碰到吉利与不幸时忧愁与快乐不同心情在食物上的表现。卑絻、黼黻、文织、粗布、衰绖、菲繐、草鞋，这分别又是碰到吉利与不幸时忧愁与愉快不同心情在服饰上的表示。疏房、檖、越席、床第、几筵、草屋、倚庐、席薪、枕块，这分别是遇到吉利与不幸时忧愁与快乐不同心情在住所上的表示。忧愁与快乐这两种心情，是人生来就有的，要让这两种情绪断绝或持续，让它们被大部分的人明白或少部分的人明白，增强或减弱它们，让它们在合乎法度的前提下得到充分的表示，让它们保有旺盛和美好的状态，让全部根本的准则和具体细节、人生结点和人生开初的仪式没有相抵触的地方，这样的话就能够用来做世世代代的准则了，这就是所说的礼。要是不是依从礼、理解礼、学习礼、施行礼的君子，这些道理是没方法知道的。

故曰：性者，本始材朴也；伪者，文理隆盛也。无性，则伪之无所加；无伪，则性不能自美。性、伪合，然后成圣人之名，一天下之功于是就也。故曰：天地合而万物生，阴阳接而变化起，性伪合而天下治。天能生物，不能辨物也；地能载人，不能治人也；宇中万物、生人之属，待圣人然后分①也。《诗》曰：『怀柔百神，及河乔岳。』此之谓也。

丧礼者，以生者饰死者也，大象其生以送其死也。故事死如生，事亡如存，终始一也。

始卒，沐浴、鬠体、饭唅，象生执也。不沐则濡栉三律而止，不浴则濡巾三式而止。充耳而设瑱，饭以生稻，唅以槁骨，反生术矣。设亵衣，袭三称，缙绅而无钩带矣。设掩面儇目，鬠而不冠笄矣。书其名，置于其重，则名不见而柩独明矣。

荐器②则冠有鍪而毋縰，瓮庑虚而不实，有簟席而无床第，木器不成斫，陶器不成物，薄器不成内，笙竽具而不和，琴瑟张而不均，舆藏而马反，告不用也。具生器以适墓，象徙道也，略而不尽，貌而不功，趋舆而藏之，金革辔靷而不入，明不用也。象徙道，又明不用也。是皆所以重哀也。故生器文而不功，明器貌而不用。凡礼，事生，饰欢也；送死，饰哀也；祭祀，饰敬也；师旅，饰威也。是百王之所同，古今之所一也，未有知其所由来者也。故圹垄，其貌象室屋也；棺椁，其貌象版盖斯象拂也；无帾丝歶缕翣，其貌以象菲帷帱尉也；抗折，其貌以象槾茨番阏也。故丧礼者，无它焉，明死生之义，送以哀敬，而终周藏也。故葬埋，敬藏其形也；祭祀，敬事其神也；其铭诔系世，敬传其名也。事生，饰始也；送死，饰终也；终始具而孝子之事毕，圣人之道备矣。

刻死而附生谓之墨，刻生而附死谓之惑，杀生而送死谓之贼。大象其生以送其死，使死生终始莫不称宜而好善，是礼义之法式也，儒者是矣。

【注释】

①分：安排。

②荐：献。

【译文】

所以能够如此讲：人天生的本性，似乎是未加工过的原始木材；后天人为的修饰，在隆重盛大礼节仪式中能够表现出来。本性没有的话，那么人文教化就没有地方施加；没有人文教化，那么本性也不能自行完善。本性和人文教化相结合，此后才能成就圣人的声誉，统一天下的功业也由此而完成。故而说：上天和大地相配合，万物就出现了；阴气和阳气相接触，变化就显现了；本性和人文教化改造相结合，天下就处理好了。上天能产生万物，但不能处理万物；大地能负载人民，但不能处理人民；宇宙间的各种东西和各类人，得依赖圣人才能处理好。《诗经》上说：『招徕安抚众神仙来到黄河泰山。』说的便是此种情形啊！

丧葬的礼仪，便是依照活人的生活办法来装扮死人，大致地模拟他的生前来送他的终。故而侍奉逝世就像侍奉出生，侍奉死人就像侍奉活人，对待人生的结点与对待人生的开初一个样。

刚死的时节，给他洗头洗澡、束头发剪指甲、把含物放入口中，这是模拟他生前的生活。要是不洗头，就用沾湿的梳篦梳理三下就能够了；要是不洗澡，就用沾湿的毛巾擦三遍就能够了。填塞耳朵使用充耳，把生米喂入口中，把贝壳装在嘴里，这就和出生时的方法相反了。给死者穿好内衣，再穿上三套外衣，把朝板插在腰带上但不钩紧腰带。裹上遮脸的白绢和遮眼的黑色丝巾，束起头发而不戴帽子、不插簪子。把死者的名字写在狭长的明旌上，此后把它覆在死者的临时神主牌上，那么他的名字就看不见而只有灵柩非常明显了。

送与死者的随葬器物，戴在头上的有头盔似的帽子而没有包发的丝巾，瓮、甏空着不放东西，有竹席而没有床上的竹铺，木器不做加工，陶器不制成成品，竹子芦苇做成的器物不中用，笙、竽具备而不协调，琴、瑟绷上弦而不加协调，装运棺材的车子随同埋葬而马却牵回去，这些都显示随葬的东西是不用的。准备好了生前的用具而送去墓中，此种模拟搬家的方法。随葬的器物简略而不具备，只具外貌而不精制，赶着丧车去把它埋葬掉，但拉车的马及其设备却不埋进去，这些全是为了表示随葬的东西是不用的；模拟搬家的方法，也是表示那些随葬的东西不用了。这些全是为了加重哀悼之情的。故而，生前的用具只起礼仪的作用而不再用它，随葬的器物只有外貌而不精制。但凡礼仪，侍奉出生，是为了润饰快乐之情；葬送死者，是为了更好地表示哀悼之情；祭祀，是为了装饰尊敬之情；军队，是为了装扮威武之势。这是各代帝王都一样、古今都一致的，不过没有人晓得它是从什么时代传下来的。故而墓穴和坟冢，它们的形式像房屋；内棺外棺，它们的形式像车旁板、车顶盖、车前皮盖、车后革帘装成的车厢，尸体与棺材上的被子、丝织麻织的遮蔽品、棺材的遮蔽物，它们的形式是模仿门帘和各种帷帐的；承载坟冢、遮盖墓穴的葬具抗折，它们的形式是模仿墙壁、屋顶、篱笆和门户的。故而，丧葬的礼仪，并没有其他的意义，而是为了彰明生死的意义，以悲哀恭敬的心情去葬送死者而最终把他周到地掩藏好。故而埋葬，是为了尊敬地掩藏死者的躯体；祭祀，是为了尊敬地侍奉死者的灵魂；那些铭文、诔辞、传记家谱，是为了尊敬地传颂死者的名声。侍奉出生的礼仪，是装扮人生的开初；葬送死者的礼仪，是装扮人生的结点。这结点与开初的礼仪全部做到了，那么孝子的事情也就完成了，圣人的道德也就拥有了。

薄待死者来增加生者的用度叫刻薄，削减活人的用度以厚加陪葬叫迷惑，杀掉活人来殉葬叫残害。粗略地模拟死者生前的生活来为他送终，让死者和在世的人感觉人生结点和人生开初时都有必定的仪式并无不得体而显示善意，这便是礼义的法度和准则，儒者就是如此做的。

三年之丧，何也？

曰：称情而立文，因以饰群，别亲疏、贵贱之节而不可益损也。故曰：无适不易之术也。创巨者，其日久；痛甚者，其愈迟。三年之丧，称情而立文，所以为至痛极也。齐衰、苴杖、居庐、食粥、席薪、枕块，所以为至痛饰也。三年之丧，二十五月而毕，哀痛未尽，思慕未忘，然而礼以是断之者，岂不以送死有已、复生有节也哉？凡生乎天地之间者，有血气之属必有知，有知之属莫不爱其类。今夫大鸟兽则失亡其群匹，越月逾时则必反铅；过故乡，则必徘徊焉，鸣号焉，踯躅焉，踟蹰焉，然后能去之也。小者是燕爵犹有啁噍之顷焉，然后能去之。故有血气之属莫知于人，故人之于其亲也，至死无穷。将由夫愚陋淫邪之人与？则彼朝死而夕忘之；然而纵之，则是曾鸟兽之不若也，彼安能相与群居而无乱乎？将由夫修饰之君子与？则三年之丧，二十五月而毕，若驷之过隙；然而遂之，则是无穷也。故先王圣人安为之立中制节，一使足以成文理，则舍①之矣。

然则何以分之？曰：至亲以期断。是何也？曰：天地则已易矣，四时则已遍矣，其在宇中者莫不更始矣，故先王案以此象②之也。然则三年何也？曰：加隆焉，案使倍之，故再期也。由九月以下，何也？曰：案使不及也。故三年以为隆，缌、小功以为杀，期九月以为间。上取象于天，下取象于地，中取则于人，人所以群居和一之理尽矣。故三年之丧，人道之至文者也。夫是之谓至隆。是百王之所同、古今之所一也。

【注释】

①舍：脱下，除去丧服的意思。

②象：象征新的开始。

【译文】

守丧三年，是为了什么呢？

能够如此说：这是依据人的感情来确立的礼仪制度，借以区别亲疏、贵贱之间的不同礼节，不能随便增减。故而说：这是不管到哪里都不可更改的规则。创伤大的，愈合时间长；疼痛厉害，痊愈就慢。守丧三年，是依据人的感情来确立的礼仪制度，这是为了使受到极大创伤因而十分悲痛的感情所确立的期限规则。穿着丧服，拄着孝棍，住在坟前茅棚中，喝稀粥，睡草铺，头枕土块当枕头，是用来表示十分悲痛的心情的。三年的守丧，二十五个月就结束了，但哀痛之情并未了结，思念渴慕也不曾忘怀，不过礼制却在这个时间段画了个界限，这难道不是由于送别死者要有个结点，人为了恢复正常的生活一定有个节制吗？但凡生长在天地之间的，有血气的动物必定有智能，而有智能的动物都爱同类。你看那些大的飞禽走兽，要是失去了它的同伴或配偶，过了一个月或超过了一定的时间，它必定会回去合群；经过原来住处，它必定会在那里徘徊周旋，啼鸣吼叫，驻足踏步，来回走动，此后才会离开。小的就连燕子麻雀之类，也还要在那里叽喳喳一会儿，此后才离开。人是有血气动物中最聪明的一类了，所以人对于自己父母的感情，直至死都不会穷尽。是要跟随那些浅陋无耻的人吗？早上他们的父母亲死了，夜晚他们就忘了；此时的情形放任自流的话，那他们就连鸟兽都不及了，他们又怎么可以共同居住而没有纷争呢？是要依从那些修养很深的君子吗？那三年的服丧期，二十五个月结束了之后，他们觉得时间飞快得像驾车的四匹马经过墙缝一样迅速；此种情形还依顺着他们的话，那就会无限期地服丧。因为这些缘故，先王圣明的人就综合确定了适中的准则，制定出了服丧三年的礼节，让人们能从容地完成礼仪，之后依照规则除去丧服。

就算这样，怎样区别亲疏不同的丧礼呢？答复道：最亲近的父母，对他们本来便是要在一周年时终止服丧的。缘故是什么呢？答复道：经过了一周年，天地都变换了，四季也已经循环了一遍，那些在宇宙中的动植物没有不重新开始其生长的了，故而古代的圣王就用这一周年的丧礼来象征它。既然如此，那么三年的丧期又是为了什么呢？答复道：那是为了使丧礼愈加隆重，于是就使它在一年的基础上加倍，故而就过了两周年了。从九个月以下的丧期，又是为何呢？答复道：那是为了使它不到一周年的丧礼。把服丧三年作为隆重的礼，把服丧三个月，五个月的缌麻、小功作为简单的礼，把服丧一周年、九个月作为它们中间的礼。这礼的制定，上取法于天，下取法于地，中取法于人，人们故而能合群居住而和谐一致的道理也就被全盘显现出来了。故而三年的服丧，是为人之道最高的礼仪。这称为最隆重的礼仪。这是各代帝王都一样，古今都共同的。

君之丧，所以取三年，何也？曰：君者，治辨之主也，文理之原也，情貌之尽也，相率而致隆之，不亦可乎？《诗》曰：『恺悌[1]君子，民之父母。』彼君子者，固有为民父母之说焉。父能生之，不能养之；母能食之矣，不能教诲之；君者，已能食之矣，又善教诲之者也。三年，毕矣哉！乳母，饮食之者也，而三月；慈母，衣被之者也，而九月；君，曲备之者也，三年毕乎哉！得之则治，失之则乱，文之至也；得之则安，失之则危，情之至也；两至者俱积焉，以三年事之犹未足也，直无由进之耳。故社，祭社也；稷，祭稷也；郊者，并百王于上天而祭祀之也。

三月之殡，何也？曰：大之也，重之也，所致隆也，所致亲也。将举错之，迁徙之，离宫室而归丘陵也。先王恐其不文也，是以繇其期、足之日也。故天子七月，诸侯五月，大夫三月，皆使其须足以容事，事足以容成，成足以容文，文足以容备，曲容备物之谓道矣。

祭者，志意思慕之情也。愅诡唈僾[2]而不能无时至焉。故人之欢欣和合之时，则夫忠臣孝子亦愅诡而有所至矣。彼其所至者，甚大动也，案屈然已，则其于至意之情者，惆然不嗛，其于礼节者，阙然不具。故先王案为之立文，尊尊亲亲之义至矣。故曰：祭者，志意思慕之情也。忠信爱敬之至矣，礼节文貌之盛矣，苟非圣人，莫之能知也。圣人明知之，士君子安行之，官人以为守，百姓以成俗。其在君子，以为人道也；其在百姓，以为鬼事也。故钟鼓管磬、琴瑟竽笙，《韶》《夏》《护》《武》《汋》《桓》《箾》《象》，是君子之所以为愅诡其所喜乐之文也。齐衰、苴杖、居庐、食粥、席薪、枕块，是君子之所以为愅诡其所哀痛之文也。师旅有制，刑法有等，莫不称罪，是君子之所以为愅诡其所敦[3]恶之文也。卜筮视日，斋戒修涂，几筵、馈荐、告祝，如或飨之。物取而皆祭之，如或尝之。毋利举爵，主人有尊，如或觞之。宾出，主人拜送，反易服，即位而哭，如或去之。哀夫！敬夫！事死如事生，事亡如事存，状乎无形影，然而成文。

【注释】

①恺悌：亦作『岂弟』『恺弟』。和乐平易近人。

②愅（gé）诡：变异感动的样子。悒僾（yì ài 邑爱）：郁闷不乐的样子。

③敦：通『憝』（duì），憎恶，怨恨。

【译文】

君主的丧礼期限之所以要选择三年，为何呢？答复道：君主，是管理社会的主宰，是礼仪制度的本源，是真诚的内情和尊敬的外貌所要侍奉的尽头，人们相互遵从而极其崇敬他，不也是能够的吗？《诗经》上说：『和乐平易的君主，便是人民的父母。』那些君主原本就有是百姓父母的说法。父亲可能生下自己，但不可能喂养自己；母亲可能喂养自己，但不可能教诲自己；君主是既可能养育自己，又擅长教诲自己的人，为君主服丧三年就结束了吗？奶妈是喂养自己的人，所以为她服丧三个月；养育自己的庶母，是为自己料理衣着被服的人，所以为她服丧九个月；君主，是各方面都照管自己的人，为他服丧三年就结束了吗？做到了这一点，国家就能处理好；做不到这一点，国家就会混乱；它是礼仪制度中最重要的礼节啊！做到了这一点，国家就稳定；做不到这一点，国家就可危；它是忠诚之情的最高显现啊！这最重要的礼节与最高的情感体现都积聚在君主的丧礼上了，故而用三年时间来侍奉君主的神灵依然是不够的，不过无法再将这丧期增加罢了！故而社祭，只祭土地神；稷祭，只祭谷神；郊祭，就把各代帝王和上天合并在一起而祭祀他们。

出殡后三个月才埋葬，是为什么呢？回答是：要使葬礼盛大、隆重。对自己极尊敬的人，极亲近的人，死后要认真安排他，迁移他，使他远离宫室而埋葬到陵墓中去，古代的圣王担心这些事情不合乎礼仪，所以延长停柩的日期，使办丧事的人有足够的时间。故而天子停柩七个月，诸侯五个月，大夫三个月，这全是为了使时间足够用来操办每种事情，这些事情办妥了就足够用来保障丧事的成功，这成功足够用来保障礼仪的实施，这实施足够用来保障丧葬物品的完备，各个方面都能保障丧葬物品的完备就能够称为正确的规则了。

祭祀，是人们心意和思念之情的积累。人们感动，烦闷就要在一定的时间内表达出来。所以人们欢聚时，那么忠臣孝子也会感动而使思念君主和双亲的情感有所表露。他们所要表露的情感很强烈，而礼节空无所有，那么他们的思念之情就会惆怅而不满足，对于礼节就会感到欠缺而不完备。所以先王为此设立了礼仪，使尊重君主、亲敬父母之情就表露出来了。因此说：祭祀，是人们心意和思念之情的积累。它是忠信尊敬的最高表现，是礼节仪式的极点，要是不是圣人，是不能懂得这一点的。圣人清楚地明白祭祀的意义，有道德的士君子安心地进行祭祀，官员把它当作自己的职守，民众使它成为自己的习俗。它在君子那儿，被当作处理社会的一种道德规范；它在民众那儿，被当作侍奉鬼神的事。钟、鼓、管、磬、琴、瑟、竽、笙等乐器被运用，《韶》《夏》《頀》《武》《汋》《桓》《箾》《象》等乐曲被演奏，这些是君子被他所喜悦的事情感化了从而用来表示这种感化的礼仪形式。穿丧服、拄孝棍、住陋屋、吃薄粥、以柴草为垫席、把土块当枕头，这些是君子被他所哀痛的事情感化了，从而用来表示此种感动的礼仪制度。军队有必定的制度，刑法有轻重的等级，没有什么惩处不与罪行相应，这些是君子被他所憎恶的事情感化了从而用来表示此种感化的礼法制度。占卜算卦、观察日期时辰是否吉利，整洁身心、装扮清理祠庙，摆好祭祀的席位，献上牺牲黍稷等祭品，受祭者吩咐男巫，如同真的有神来享受过祭品。事先积累的祭品都献给表示死者受祭的人，受祭者一一尝用，好像真的有神尝过它们。不让助食的人举杯向受祭者敬酒，主人自己劝受祭者饮酒，受祭者便饮用，如同真的有神拿酒杯喝了酒。祭祀结束后宾客退出，主人拜揖送行，此后返回，换掉祭服而穿上丧服，来到座位上痛哭，如同真的有神远离了他。悲哀啊！恭敬啊！侍奉死者就像侍奉生者一样，侍奉已不存在的人就像侍奉还活着的人一样，所祭祀者虽无形无影，不过它能够成为人类社会中的一种礼仪制度。

乐论

第二十

夫乐者，乐也，人情之所必不免也，故人不能无乐。乐则必发于声音，形于动静，而人之道，声音、动静、性术之变尽是矣。故人不能不乐，乐则不能无形，形而不为道，则不能无乱。

先王恶其乱也，故制《雅》《颂》之声以道之，使其声足以乐而不流①，使其文足以辨而不諰，使其曲直、繁省、廉肉、节奏足以感动人之善心，使夫邪污之气无由得接焉。是先王立乐之方也，而墨子非之，奈何！

故乐在宗庙之中，君臣上下同听之，则莫不和敬；闺门之内，父子兄弟同听之，则莫不和亲；乡里族长之中，长少同听之，则莫不和顺。故乐者，审一以定和者也，比物以饰节者也，合奏以成文者也；足以率一道，足以治万变。是先王立乐之术也，而墨子非之，奈何！

故听其《雅》《颂》之声，而志意得广焉；执其干戚，习其俯仰屈伸，而容貌得庄焉；行其缀兆，要其节奏，而行列得正焉，进退得齐焉。故乐者，出所以征诛也，入所以揖让也。征诛揖让，其义一也。出所以征诛，则莫不听从；入所以揖让，则莫不从服。故乐者，天下之大齐也，中和之纪也，人情之所必不免也。是先王立乐之术也。而墨子非之，奈何？

且乐者，先王之所以饰②喜也；军旅鈇钺者，先王之所以饰怒也。先王喜怒，皆得其齐③焉。是故，喜而天下和之，怒而暴乱畏之。先王之道，礼乐正其盛者也。而墨子非之。故曰：墨子之于道也，犹瞽之于白黑也，犹聋之于清浊也，犹欲之楚而北求之也。

【注释】

①流：淫放。

②饰：这里是表现的意思。

③齐：适宜，恰当。

【译文】

音乐，就是快乐的意思，它是人的情感需要中绝对不能缺少的东西。人不能够没有欢乐，欢乐了就必定会在歌唱吟咏的声音中显现出来，在手舞足蹈的举止中显现出来；足见人的所作所为，还有声音、举止、性情及其表现方式的变化，就全部表现在这音乐之中了。故而，人不能够不快乐，快乐了就不能够不显现出来，但这种显现要是不进行引导，就不能够没有祸乱。

古代的圣王讨厌祸乱，故而创作了《雅》《颂》的音乐来引导，使歌声能够用来表示欢快而不淫荡，使歌词能够用来阐明正确的道理而不流于花言巧语，使音律的婉转或舒扬、繁复或简单、清脆利落或圆润丰满、节制停顿或推进加快，都足够用来感化人的行善之心，使那些邪恶肮脏的风气没有途径能和百姓接触。这便是古代圣王设置音乐的准则。不过墨子却反对音乐，可他又能如何呢？

故而音乐在宗庙之中，君臣上下一起听了它，就没有不和谐严肃的；在家门之内，父子兄弟一起听了它，就没有不和睦相亲的；在乡村里巷之中，年长的和年幼的一起听了它，就没有不和谐服从的。音乐，是审定了一个主音来确定其他和音的，是配上各种乐器以调整节奏的，是合奏以组成音调和谐的乐曲的；它能够能率领统一的准则，能够处理各种变化，这便是古代圣王创立音乐的办法，但墨子却反对音乐，又能如何呢？

故而，人们听到《雅》《颂》的乐曲，志向心胸就能宽广了；拿起那盾牌斧头演习各种俯仰屈伸的行为，容貌就能够变得庄重；依照要求的排列行走，随着乐曲的节奏进退，那么行列就会规整，进退就会整齐。故而，音乐用于出征，是用来鼓舞杀敌的勇气；用于宗庙，是用来培养人们的礼让情感。无论是出征还是宗庙，它们的意义是相同的。对外用于征伐，那天下没有不依从指挥的；对内用于礼让，那天下没有不顺从统治的。故而乐曲是统一天下人的重要东西，是调和人性情的纲要，是人情所不能没有的。这是先王创造乐曲的准则，墨子却表达反对，有什么道理呢！

并且，乐曲，是先代君王用来表示喜悦之情的；军队的行为、刑杀，是先代君王用来显现愤怒之情的。先王的喜悦与愤怒，都是非常适当的，故而，先主喜悦天下人就随从他，先王愤怒天下人就害怕他。在先王之道中，礼和乐正是最为重要的。而墨子却反对音乐。故而说：墨子对于治国之道，就像瞎子对颜色的黑白分不清似的，就像聋子对声音的清亮与浑厚分不清似的，就像原本想去楚国却又往北方去寻求似的。

夫声乐之入人也深，其化人也速，故先王谨为之文。乐中平则民和而不流，乐肃庄则民齐而不乱。民和齐则兵劲城固，敌国不敢婴①也。如是，则百姓莫不安其处，乐其乡，以至足其上矣。然后名声于是白，光辉于是大，四海之民莫不愿得以为师，是王者之始也。乐姚冶以险，则民流僈鄙贱矣，流僈则乱，鄙贱则争，乱争则兵弱城犯，敌国危之。如是，则百姓不安其处，不乐其乡，不足其上矣。故礼乐废而邪音起者，危削侮辱之本也。故先王贵礼乐而贱邪音。其在序官也，曰：『修宪命，审诗商，禁淫声，以时顺修，使夷俗邪音不敢乱雅，太师之事也。』

墨子曰：『乐者，圣王之所非也，而儒者为之，过也。』君子以为不然。

乐者，圣人之所乐也，而可以善民心。其感人深，其移风易俗，故先王导之以礼乐，而民和睦。

夫民有好恶之情而无喜怒之应，则乱。先王恶其乱也，故修其行，正其乐，而天下顺焉。故齐衰之服，哭泣之声，使人之心悲；带甲婴軸，歌于行伍，使人之心伤；姚冶之容，郑卫之音，使人之心淫；绅端章甫，舞《韶》歌《武》，使人之心庄。故君子耳不听淫声，目不视女色，口不出恶言，此三者，君子慎之。

凡奸声感人而逆气应之，逆气成象而乱生焉；正声感人而顺气应之，顺气成象而治生焉。唱和有应，善恶相象，故君子慎其所去就也。君子以钟鼓道志，以琴瑟乐心，动以干戚，饰以羽旄，从②以磬管，故其清明象天，其广大象地，其俯仰周旋有似于四时。故乐行而志清，礼修而行成；耳目聪明，血气和平；移风易俗，天下皆宁，莫善于乐。

【注释】

①婴：侵犯。

②从：这里是调和的意思。

【译文】

乐曲对人的影响是十分深刻的，它感动人心也是很快的，故而古代的圣王非常谨慎地装饰乐曲。乐曲中正平和，民众就和睦协调而不淫荡；乐曲严肃庄重，那么民众就同心同德而不混乱。民众和睦协调、同心同德，兵力就强劲，城防就牢固，敌国就不敢来侵犯了。如此一来，民众就无不满足于自己的住处，欢喜自己的家乡，而且最充分地去供奉自己的君主。此后，君主的声誉就会由此而显著，光辉因此而盛大，天下的民众，就没有谁不想要获得他让他做自己的君长。这是称王天下的开端。乐曲妖冶轻浮而邪恶，民众就淫荡轻慢卑鄙下贱了。民众淫荡轻慢，就会混乱；卑鄙下贱，就会互相争夺。混乱又争夺，那就会使得兵力衰弱、城池被破坏，敌国就会来侵犯了。如此的话，民众就无法安居乐业了，就无法最充分地供奉自己的君主了。故而，礼制雅乐被废弃，靡靡之音就兴起来，这是国家危险削弱、遭受侮辱的根源。故而，古代的圣王看重礼制雅乐而鄙视靡靡之音。在关于乐官职责的叙述中，先王是如此说的：『制定法令文告，审查诗歌乐章，禁绝淫荡的乐曲，依据时势去对音乐加以修整，使蛮夷的落后习俗和邪恶的乐曲不敢扰乱正声雅乐，这便是太师的职责。』

墨子说：『乐曲，是圣王所反对的，而儒者却去倡导它，这是错误的。』君子觉得此话讲得不对。

乐曲，是圣人所欢喜的，它能够改善人心，它的声音感人至深，容易移风易俗，故而先王用礼乐来引导民众而使其和睦。

民众内有好恶的情感而外无表示喜怒的东西和它相应，那就要乱了。先王憎恶此种混乱，故而要修养德行，订正乐曲，如此天下就和顺了。故而穿上丧服，听见哭泣的声音，会让人心生悲哀；穿上盔甲，听见队伍中的歌声，会让人心情振奋；妖艳的容貌，郑、卫的音乐，会让人产生放荡的情思；束上大带，穿上礼服，戴上礼帽，跳着韶舞，唱着武乐，会使人心情庄重。故而君子不听淫荡的声音，不看女色，不说恶言。这三点，君子必须很谨慎。

而奸邪的乐曲感动人心，邪逆之气就会相应，相应而形于歌舞，那么悖乱就出现了。合于正道的乐曲感动人心，驯顺之气就会相应，相应而形于歌舞，这样国家就会获得处理了。有唱的就必定会有和的，善唱则有善和，恶唱则有恶和，故而君子对于音乐的抉择要十分慎重。君子用钟、鼓来引导人们的志向，用琴、瑟来让人们心情愉快。拿着盾牌斧头等舞具来舞蹈，用野鸡毛和牦牛尾等舞具做装扮，用石磬、箫管来伴奏。故而那乐声的清朗像天空，广大像大地，舞姿的俯仰旋转又符和四季的变化想象。故而音乐推行后人们的志向就会高洁，礼制遵从后人们的德行就能养成。要使人们耳聪目明，感情温和平静，改变习俗，天下都安宁，没有什么比乐曲更好的了。

故曰：乐者，乐也。君子乐得其道，小人乐得其欲。以道制欲，则乐而不乱；以欲忘道，则惑而不乐。故乐者，所以道乐也；金石丝竹，所以道德也。乐行而民乡方矣。故乐者，治人之盛者也，而墨子非之。

且乐也者，和之不可变者也；礼也者，理之不可易者也。乐合同，礼别异，礼乐之统，管乎人心矣。穷本极变，乐之情也，著诚去伪，礼之经也。墨子非之，几遇刑也。明王已没，莫之正也，愚者学之，危其身也。君子明乐，乃其德也。乱世恶善，不此听也。於乎哀哉！不得成也！弟子勉学，无所营①也。

声乐之象：鼓大丽，钟统实，磬廉制，竽笙箫和筦籥发猛，埙篪翁博，瑟易良，琴妇好，歌清尽，舞意天道兼。鼓，其乐之君邪？故鼓似天，钟似地，磬似水，竽、笙、箫、和、筦、籥似星辰日月，鞉、柷、拊、鞷、椌、楬似万物。曷以知舞之意？曰：目不自见，耳不自闻也，然而治俯仰诎信进退迟速莫不廉制，尽筋骨之力以要钟鼓俯会之节，而靡有悖逆者，众积意謘謘②乎。

【注释】

①营：通『荧』，迷惑。

②謘謘（chí chí）：同『迟迟』，舒缓，悠长。

【译文】

故而讲，音乐，是人们喜乐感情的显现。圣人欢喜音乐是为了增加道德修养；小人欢喜音乐，是为了满足个人的欲望。用道德来管制欲念，就能获得欢乐而不混乱，由于欲念而忘记了道德，就会伤感而不快乐。故而，乐曲是用来引导快乐的，金石丝竹之类乐器演奏的乐曲，是用来引导德行的。乐曲盛行，民众就趋向正确的道路。故而，乐曲是处理民众的最重要的一个方面。而墨子却反对它。

并且，乐曲，是不能改变的调和人的准则，礼，是不能更改的理的准则。乐曲，使人们调和一致，礼，区分着人们的上下等级，礼与乐的总括，是管束人心的。从根本上改变人，是乐曲的本质，显明诚实，去掉虚假，是礼的准则，而墨子却反对它，这真的是接近于犯罪。圣明的君主已经逝世，没有人去纠正墨子，愚蠢的人还要学习墨子的谬论，将会危及他们自身。君子倡导乐曲，是他德行的体现，混乱的世道，人们厌恶善，反倒不听这些。啊！乐曲发挥不了它的作用啊！学生们要好好地学习啊，不要被那些邪说所迷惑。

乐曲的象征：鼓声洪大高亢，钟声洪亮浑厚，磬声清越明朗，竽、笙、箫、和、管、籥等管乐器的音乐昂扬激越，埙、篪的声音浩瀚磅礴，瑟的声音和顺温良，琴的声音柔婉优美，声音清朗而曲尽其情，舞蹈的意象则包括了自然界的所有现象。鼓，或许是音乐的主宰吧？故而鼓声像天，钟声像地，磬声像水，竽、笙、箫、和、管、籥等管乐器的音乐像日月星辰，鞉、柷、拊、鞷、椌、楬的音乐像万物。凭什么来知道舞蹈的意象呢？答复道：跳舞的人眼睛不能看到自己的形体，耳朵不能听见自己的声音，不过做低头、抬头、弯曲、伸直、前进、后退、缓慢、快速的动作时无不干净利落、知道清楚，尽身体的力量去迎合钟、鼓的节奏，而无所违背，足见他们的注意力是多么集中啊！

吾观于乡而知王道之易易也。

主人亲速宾及介，而众宾皆从之，至于门外，主人拜宾及介，而众宾皆入，贵贱之义别矣。三揖至于阶，三让以宾升，拜至，献酬，辞让之节繁，及介省矣。至于众宾升受，坐祭，立饮，不酢而降，而隆杀之义辨矣。

工入，升歌，三终，主人献之；笙入，三终，主人献之；间歌，三终，合乐，三终，工告乐备，遂出。二人扬觯①，乃立司正。焉知其能和乐而不流也。宾酬主人，主人酬介，介酬众宾，少长以齿，终于沃洗者，焉知其能弟长而无遗也。降，说屦升坐，修爵无数。饮酒之节，朝不废朝，莫不废夕。宾出，主人拜送，节文遂终，焉知其能安燕[2]而不乱？贵贱明，隆杀辨，和乐而不流，弟长而无遗，安燕而不乱。此五行者，是足以正身安国矣。彼国安而天下安，故曰：吾观于乡而知王道之易易也。

乱世之征：其服组，其容妇，其俗淫，其志利，其行杂，其声乐险，其文章匿[3]而采，其养生无度，其送死瘠墨，贱礼义而贵勇力，贫则为盗，富则为贼。治世反是也。

【注释】

①扬觯（zhì）：举杯。

②安燕：指休憩时饮酒。

③匿：通「慝（tè）」，邪恶。

【译文】

（孔子说）：我看见乡里饮酒的礼节，就晓得王道是和乐的。

主人自己迎接主客和主要的陪客，其他陪客都跟着在后边，到达主人的家门口，主人向主客和主要陪客拜礼后进门，各位陪客也都随着而入，贵贱的礼节仪式在此处就区别出来了。主人三次揖让，主客就到了台阶前，主人再次三次揖让，主客登上台阶到了厅堂，主人就向主客敬酒，主客回敬主人，互相辞让的礼节是繁多的，到主要陪客面前，礼节就简单了。至于其他陪客到了厅堂接受敬酒，坐着以酒敬神，此后马上把酒喝下，不必向主人回敬，隆重与简单的礼节仪式此处就区别出来了。

乐工进去，登堂，演奏《鹿鸣》《四牡》《皇皇者华》三首歌曲各一遍，主人敬酒；吹笙的进去，吹奏《南陔》《白华》《华黍》三首音乐各一遍，主人敬酒；接着间隔轮流，乐工演奏《鱼丽》一遍，吹笙的演奏《由庚》一遍，乐工再演奏《南有嘉鱼》，吹笙的再演奏《崇丘》，乐工再演奏《南山有台》，吹笙的再演奏《由仪》，最后由乐工演奏《关雎》《葛覃》《卷耳》，同时由吹笙的演奏《鹊巢》《采蘩》《采》，这时乐工报告奏乐结束，便退出去。主人的两个侍从举杯敬酒，又设立了监督行礼的司正。从而晓得他们能做到和谐愉快又不淫荡。宾客向主人敬酒以示答谢，主人向主要陪客敬酒表示答谢，陪客向其他客人敬酒以示答谢，宾主依据年少年长的次序都要敬酒表达酬谢，最后便轮到向主人手下盥洗酒杯的人酬谢了。从而晓得他们可以做到尊敬长者，不会遗漏任何一个人。从退堂，脱鞋，再登堂就坐，按次序敬酒连续不断。足见乡人请客饮酒的礼仪是有节制的，早上饮酒不会耽误早上的工作，晚上饮酒不会耽误晚上要做的事。宾客离开时，主人要拜送，这时全部礼仪就完成了。如何能够晓得他们可以在礼仪中逸乐而不乖乱呢？由于他们能区别清高贵者和卑贱者，分清楚礼仪的隆重和简省，喝酒是为了和睦安乐而不是为了享乐，按年龄次序一个个都获得尊重，安然逸乐而不乖乱。这五条都做到了，这就能够用来端正身心安定国家了。这样，国家安定，整个天下也稳定。故而说：『我观看乡间请人喝酒的礼仪，就晓得王道政治的实行是再容易不过的了。』

混乱社会的显现兆头是：人们的服装华丽，男人爱打扮，像妇女一样；人们习俗淫荡，志向唯利是图，行动多样化，讲话爱怪僻，文章写得邪恶，却辞藻华丽；人们想要生活享受没有限度，葬送死者却俭省刻薄；他们小瞧礼制道义，推崇勇敢武力，穷了就抢劫偷盗，富了就欺骗戕害。处理得好的社会总是跟这相反。

解蔽

第二十一

凡人之患，蔽于一曲而暗于大理。治则复经，两疑则惑矣。天下无二道，圣人无两心。今诸侯异政，百家异说，则必或是或非，或治或乱。乱国之君，乱家之人，此其诚心莫不求正而以自为也，妒缪于道而人诱其所迨[1]也。私其所积，唯恐闻其恶也。倚其所私以观异术，唯恐闻其美也。是以与治虽走而是己不辍也。岂不蔽于一曲而失正求也哉？心不使焉，则白黑在前而目不见，雷鼓在侧而耳不闻，况于使者乎！德道之人，乱国之君非之上，乱家之人非之下，岂不哀哉？

故为蔽？欲为蔽，恶为蔽；始为蔽，终为蔽；远为蔽，近为蔽；博为蔽，浅为蔽；古为蔽，今为蔽。凡万物异，则莫不相为蔽，此心术之公患也。

昔人君之蔽者，夏桀、殷纣是也。桀蔽于末喜、斯观而不知关龙逢，以惑其心而乱其行；纣蔽于妲己、飞廉而不知微子启，以惑其心而乱其行。故群臣去忠而事私，百姓怨非而不用，贤良退处而隐逃，此其所以丧九牧之地而虚[2]宗庙之国也。桀死于亭山，纣县于赤旆，身不先知，人又莫之谏，此蔽塞之祸也。

成汤鉴于夏桀，故主其心而慎治之，是以能长用伊尹而身不失道，此其所以代夏王而受九有也。文王鉴于殷纣，故主其心而慎治之，是以能长用吕望而身不失道。此其所以代殷王而受九牧也。远方莫不致其珍，故目视备色，耳听备声，口食备味，形居备宫，名受备号，生则天下歌，死则四海哭，夫是之谓至盛。《诗》曰：『凤凰秋秋，其翼若干，其声若箫。有凤有凰，乐帝之心。』此不蔽之福也。

【注释】

①诒：通『怡』，喜爱。

②虚：同『墟』，这里是毁灭的意思。

【译文】

全部的人最大的问题，是偏执于事物的一种观点而很难清楚真理。整治思想就要回到经书上，在偏见与真理之间拿不定主意就会产生迷惘。天下没有两样对立的真理，圣人不会有两样对立的观念。如今各诸侯国的政治措施各不一样，诸子百家的学说也各异。这样，这其中一定是有对有错，有安国之政，也有乱国之政。搞乱国家的君主，搞乱学派的学者，他们在内心深处没有不想找条正道的，不过因为他们的自以为是，别人就能利用他们自以为是的弱点，引导他们误入歧途。他们偏袒自己的学识，只怕听见反对自己的建议。他们依靠自己的偏好去考察别的学说，很怕听见对异己之学的赞美。所以，他们和真理早已背道而驰却仍然要偏执地一意孤行。这难道不是被事物的某一种观点所遮蔽而丧失了想要真理的机会吗？注意力不汇集到那一点上，黑白摆在面前也会视而不见，雷鼓之声大振也会充耳不闻，何况心里有了成见并偏执地一意孤行呢？于是乎手中有真理的人，反而弄得乱国之君在上做坏，乱学之人在下做坏，这难道不是很可悲的吗？

什么东西会造成遮蔽？爱好会造成遮蔽，憎恶也会造成遮蔽；只看见开始会造成遮蔽，只看见终了也会造成遮蔽；只看见远处会造成遮蔽，只看见近处也会造成遮蔽；知识广博会造成遮蔽，知识浅陋也会造成遮蔽；只了解古代会造成遮蔽，只晓得如今也会造成遮蔽。大凡事物有不同对立面的，无不会交互造成遮蔽，这是思想方法上的一个通病。

先前君主被遮蔽的，有夏桀、商纣。夏桀被妹喜、斯观遮蔽而不知道忠臣关龙逢，弄得他思想迷乱而作为荒唐；商纣被妲己、飞廉遮蔽而不赏识微子启，也被弄得思想迷乱而作为荒唐。故而，群臣都不再效忠于他们而去谋求私利，民众怨恨责备而不再为他们效劳，贤良的人才隐居在家，隐居避世，于是乎他们丧失了九州的土地而宗庙、都城也成了废墟。夏桀死在鬲山，商纣的头被挂在红旗的飘带上；他们自己没能预见，别人又劝阻不了，这便是受遮蔽的祸害啊。

商汤以夏桀为鉴，拿定主意要慎重管理国家，这才长期地使用伊尹而自己又不背离正道，这也使他代替夏桀而获得了九州。周文王以商纣王为鉴，拿定主意要慎重管理国家，这才长期地任命吕望而自己又不背离正道，这也使他代替商纣王而获得九州。于是乎远处的方国无不把珍贵的东西送过来。如此，他们就观赏着所有的美色，听见了全国各地的美妙音乐，嘴里吃上了全部的山珍海味，身居各种豪华的宫殿，名字前面加上了各种漂亮的称号；生存的时候天下都在歌颂，身死之后四海也为之流涕痛哭。这便是所说的隆盛之至呀！《诗经》上讲：『凤凰翩翩舞飞翔，翅膀就像战士的银枪，鸣叫的颂歌，洞箫般悠扬。又有凤来又有凰，乐得圣王喜洋洋。』这是不受遮蔽的幸福。

昔人臣之蔽者，唐鞅、奚齐是也。唐鞅蔽于欲权而逐载子，奚齐蔽于欲国而罪申生，唐鞅戮于宋，奚齐戮于晋。逐贤相而罪孝兄，身为刑戮，然而不知，此蔽塞之祸也。故以贪鄙、背叛、争权而不危辱灭亡者，自古及今，未尝有之也。

鲍叔、宁戚、隰朋仁知且不蔽，故能持管仲而名利福禄与管仲齐。召公、吕望仁知且不蔽，故能持周公而名利福禄与周公齐。传曰：『知贤之为明，辅贤之谓能，勉之强之，其福必长。』此之谓也。此不蔽之福也。

昔宾孟之蔽者，乱家是也。墨子蔽于用而不知文，宋子蔽于欲而不知得，慎子蔽于法而不知贤，申子蔽于势而不知知，惠子蔽于辞而不知实，庄子蔽于天而不知人。故由用谓之道，尽利矣；由俗谓之道，尽嗛[①]矣；由法谓之道，尽数矣；由势谓之道，尽便矣；由辞谓之道，尽论矣；由天谓之道，尽因矣。此数具者，皆道之一隅也。夫道者，体常而尽变，一隅不足以举之。曲知之人，观于道之一隅而未之能识也，故以为足而饰之，内以自乱，外以惑人，上以蔽下，下以蔽上，此蔽塞之祸也。孔子仁知且不蔽，故学乱术足以为先王者也。一家得周道，举而用之，不蔽于成积也。故德与周公齐，名与三王并，此不蔽之福也。

圣人知心术之患，见蔽塞之祸，故无欲、无恶，无始、无终，无近、无远，无博、无浅，无古、无今，兼陈万物而中县衡焉。是故，众异不得相蔽以乱其伦[②]也。

何谓衡？曰：道。故心不可以不知道。心不知道，则不可道而可非道，人孰欲得恣而守其所不可以禁其所可？以其不可道之心取人，则必合于不道人，而不知合于道人。以其不可道之心，与不道人论道人，乱之本也。

夫何以知？曰：心知道然后可道，可道然后能守道以禁非道。以其可道之心取人，则合于道人而不合于不道之人矣。以其可道之心，与道人论非道，治之要也。何患不知？故治之要，在于知道。

【注释】

①嗛（qiè）：通"慊"（qiè），满足，指欲望少而知足。

②伦：秩序。

【译文】

以前大臣被遮蔽的，唐鞅、奚齐便是代表。唐鞅被自己对权力的欲望所遮蔽，驱赶了戴驩，奚齐被自己图谋篡国的欲望所遮蔽，从而使申生获罪。唐鞅被害死在宋国，奚齐被害于晋国。唐鞅驱赶了贤相，奚齐加罪于有孝名的哥哥申生。他们自己被害了，还不晓得自己哪里做错了，这便是被遮蔽所造成的祸患啊！因为贪婪、背叛、争权而不危险、受辱和灭亡的人，从古到今，还没有如此的。鲍叔、宁戚、隰朋三个人仁德、智慧并且没有被自己的私欲所遮蔽，故而能支持管仲管理齐国，从而获得与管仲相同的名利福禄。召公、吕望两个人仁德、智慧而且没有被自己的私欲所遮蔽，故而能支持周公治理国家，获得与周公相等的名利福禄。古书上说："明白贤能的人称为明，辅助贤能的人称为能，勤勉自强，必定福气长久。"说的便是这个道理。这便是没有被遮蔽的福气啊！

以前游说之士被遮蔽的，所说的杂家便是。这些学派中，墨子受遮蔽于只讲实用而不晓得礼仪制度，宋子受遮蔽于只知人有少欲而不晓得人还贪婪，慎子受遮蔽于只看见法治而不晓得任命贤人，申子受遮蔽于只看见权势的重要而不晓得智慧的重要，惠子受遮蔽于只晓得能言善辩、口才取胜而不知道事物的实际情况，庄子受遮蔽于只讲求顺从自然、无所作为而不晓得人的力量和作用。故而只从实用的角度来论道，人们便都去追求功利了；只从欲望的观点来论道，人们便全去追求满足欲望了；只从法治的角度来论道，人们就全去硬搬法律条文了；只从权势的观点来论道，人们就全去追求权势的便利了；只从言辞的角度来论道，人们就全去追求不切实际的辩论了；只从顺从自然的观点来论道，人们就全去追求听天由命了。这几种讲法，全是道的一个方面。所说的道，它本身经久不变却又能穷尽事物的所有变化，一个方面是不能够用来概括它的。认识片面的人，只看见道的一个方面而并未可以认识它，故而把一个方面作为全面的道加以粉饰美化，对内扰乱了自己学派的思想，对外迷惑了别人，在上君主遮蔽百姓，在下百姓遮蔽了君主，这就是被遮蔽所造成的祸害。孔子仁爱智慧并且无所蔽，故而他的学术和管理天下之道，能够与先王媲美。孔子获得道的全体，依照它去做，就不会蔽于平时所累积的成见。故而道德与周公齐名，名声与三王共存，这便是不蔽的福气了。

圣人晓得人在思想方法上难免有问题，看见了遮蔽的祸害，故而他们不偏爱，不讨厌；既不只看见开端，也不只看见结果；既不只看近处，也不只看远处；既不贪求广博，也不安于浅陋；既不仅信传统，又不一味颂今。他们一直同时摆出天地万物中的各种要素，用必定的准则在其中进行权衡。故而，众多参差不齐的事理不会由于互相遮蔽而乱了关系、条理。

什么是权衡事物的准则呢？一言以蔽之：道。故而人心不可以不了解道。人心要是不了解道，就会否定道且觉得能够违背道。有谁希望自由自在地生活，却遵从自己否定的价值，且用它来禁止自己所肯定的价值呢？用他自己否定的价值观念去抉择，就必定会抉择出他所否定的人，而不会抉择出亲近于道的人。带着他否定的价值观念和依据这种观念抉择出来的人去议论遵从道的人，这便是社会秩序混乱的根本缘故。

那么，你是凭什么如此说的呢？能够如此说：人心了解了道，此后就会遵奉道。承认了道的存在，此后才能遵从道来禁止违背道的价值。用他承认道的价值观念去抉择人，抉择出来的就会是遵奉道的人，而不会抉择不遵奉道的人了。带着他认可道的价值观念和有道之人议论不承认道的人，这是管理国家的关键。这又有什么难以明白的呢？故而，处理好社会的根本，就在明白道。

人何以知道？曰：心。

心何以知？曰：虚壹而静。心未尝不臧也，然而有所谓虚；心未尝不满也，然而有所谓一；心未尝不动也，然而有所谓静。人生而有知，知而有志；志也者，臧也；然而有所谓虚，不以所已臧害所将受谓之虚。心生而有知，知而有异；异也者，同时兼知之；同时兼知之，两也；然而有所谓一，不以夫一害此一谓之壹。心，卧则梦，偷则自行，使之则谋，故心未尝不动也；然而有所谓静，不以梦剧乱知谓之静。未得道而求道者，谓之虚壹而静，作之则。将须道者，之虚则人；将事道者，之壹则尽；将思道者，静则察。知道察，知道行，体道者也。虚壹而静，谓之大清明。万物莫形而不见，莫见而不论，莫论而失位。坐于室而见四海，处于今而论久远，疏观万物而知其情，参稽治乱而通其度，经纬天地而材官万物，制割大理而宇宙里矣。恢恢广广，孰知其极？睪睪[①]广广，孰知其德？涫涫纷纷，孰知其形？明参日月，大满八极，夫是之谓大人。夫恶有蔽矣哉？

心者，形之君也，而神明之主也，出令而无所受令。自禁也，自使也；自夺也，自取也；自行也，自止也。故口可劫而使墨云，形可劫而使诎申，心不可劫而使易意，是之则受，非之则辞。故曰：心容，其择也无禁，必自见；其物也杂博，其情之至也不贰。

《诗》云：『采采卷耳，不盈顷筐。嗟我怀人，寘彼周行。』顷筐易满也，卷耳易得也，然而不可以贰周行。故曰：心枝则无知，倾②则不精，贰则疑惑。以赞稽之，万物可兼知也。身尽其故，则美。类不可两也，故知者择一而壹焉。

农精于田而不可以为田师，贾精于市而不可以为市师，工精于器而不可以为器师。有人也，不能此三技而可使治三官。曰：精于道者也，精于物者也。精于物者以物物，精于道者兼物物。故君子壹于道而以赞稽物。壹于道则正，以赞稽物则察，以正志行察论，则万物官矣。

【注释】

①罣罣（hào）：通『浩浩』，广大的样子。

②倾：不专心的样子。

【译文】

人怎样明白道是什么呢？答复道：靠的是心。

心又是靠什么来明白道的呢？答复道：靠的是虚心、专心和静心。心从来便是储存东西的，但又有所说的虚；心从来全是要权衡所有东西的，但又有所说的专；心从来全是不停运动着的，但又有所说的静。人天生就有智能，记忆也就因此产生；记忆便是将已有的信息进一步地存储起来；但又有所说的虚，指的便是不让那些已经存储的知识去影响将要接受的知识。心天生便是有智能的，智能的存在让人可以分辨不同的事物，与此同时又可以把它们弄明白。这里指的明白，就是一种彼此兼顾。但又有所说的专，指的便是不让某种事物来妨害对这一事物的认识。心休息的时候便会做梦，疲劳的时候便会随意地遐想，在用它的时候就主动地思考，从这个意义上讲，心是一直处在运动状态的。但又有所说的静，指的是不让梦境和杂乱的想法扰乱了智慧。对那些还没有明白道却一直寻找道的人，要将虚心、专心和静心的道理告诉他们，作为他们的行动标准。想拥有道的人，在达到了虚心的时节就可以获得了；想施行道的人，在达到了专心的时节就能施行了；想明白道的人，在达到了静心的时节就可以明察了。得到道又能明察，晓得了道又能施行，这能够称之为是实践道的人。要是可以到达虚心、专心与静心的境界，就能称其为最大的明白清明。世间万物，只要有迹可寻，在他眼里就没有看不见的，全部看到的都能一一做出评判，并且全部的评判都很到位。他在屋里坐着就能看见整个天下，在现世就能评判远古，不仅通览万物，并且能看清它们的真相，不仅能评判社会的治乱，并且能参透它的法度，能处理天地进而掌握万物，能控制全局性的道理从而将宇宙掌握在手中。是这样的宽广啊，他智慧的尽头有谁可以清楚呢？是这样的广阔啊，他德行的深度有谁可以说得明白？变化万千、千头万绪，他思想的轮廓有谁可以明白？其光辉能与日月相提并论，广博一直通达到很远的地方，伟大的人便是如此的。如此的人难道还会有被遮蔽的时候吗？

心，是身体的君主和智慧的君主，只发出号令而不接受别的号令。自己限制，自己使用，自己争取，自己得到，自己行动，自己停止。故而嘴巴能够被迫讲话或沉默，身体能够被迫舒张或弯曲，心不能被迫改变自己的意思，对的就实行，不对的就拒绝。故而说，心有容量，它的抉择是没有界限的，一定要自主地显现，它认识的事物即使广博繁杂，它的本质是相同的，不会更改的。

《诗经》上说：『采呀采呀卷耳菜，还不满一小筐，想念我那心爱的人儿，索性把那竹筐放在大路上。』竹筐虽说很好装满，卷耳菜也是很好获得的，不过不能三心二意地站在大路旁。故而说，心思分散了就不能获得知识了，思想动摇了就不能精深，三心二意了就会出现疑惑。一个人竭尽全力地做到一心一意，万物全是能够被认识的，身体力行了就能达到完美。对任何一种事物都不能三心二意，故而明智的人做出抉择就一心一意地去探讨它。

农夫精通于种田而不能作为田师，商人精通于做生意而不能作为贾师，工匠精通于做器具而不能作为器师。有如此的人，他即使没有这三种技能，却能够用来管理这三种行业的官，这是由于他是精通于道的人，而不是精通于某种具体事物的人。精通于某种具体事物的人，能够让他来治理这一类事物，精通于道的人，却能够处理各种事物，故而君子专一于道，可以用道帮助观察万物。专心于道，心志就纯正不偏，用它来帮助观察万物，就能观察，用纯正的思想、观察的行为去对待万物，那么万物都能够获得管理了。

昔者舜之治天下也，不以事诏而万物成。处壹危①之，其荣满侧；养壹之微，荣矣而未知。故《道经》曰：『人心之危，道心之微。』危微之几，惟明君子而后能知之。故人心譬如槃水，正错而勿动，则湛浊在下而清明在上，则足以见鬚眉而察理矣。微风过之，湛浊动乎下，清明乱于上，则不可以得大形之正也。心亦如是矣。故导之以理，养之以清，物莫之倾，则足以定是非，决嫌疑矣。小物引之则其正外易，其心内倾，则不足以决庶理矣。故好书者众矣，而仓颉独传者，壹也；好稼者众矣，而后稷独传者，壹也；好乐者众矣，而夔独传者，壹也；好义者众矣，而舜独传者，壹也。倕作弓，浮游作矢，而羿精于射；奚仲作车，乘杜作乘马，而造父精于御。自古及今，未尝有两而能精者也。曾子曰：『是其庭可以搏鼠，恶能与我歌矣！』

空石之中有人焉，其名曰觙。其为人也，善射以好思。耳目之欲接，则败其思；蚊虻之声闻，则挫其精。

是以辟耳目之欲，而远蚊虻之声，闲居静思，则通。思仁若是，可谓微乎？孟子恶败而出妻，可谓能自强矣。有子恶卧而焠掌，可谓能自忍矣，未及好也。辟耳目之欲，可谓能自强矣，未及思也。蚊虻之声闻则挫其精，可谓危矣，未可谓微也。夫微者，至人也。至人也，何强？何忍？何危？故浊明外景，清明内景。圣人纵其欲，兼其情，而制焉者理矣。夫何强？何忍？何危？故仁者之行道也，无为也；圣人之行道也，无强也。仁者之思也，恭；圣人之思也，乐。此治心之道[2]也。

【注释】

①危：心存戒惧。

②道：方法。

【译文】

以前舜管理天下的时候，并非事事都给予指点而全部的事情都做成了。专一于道而又居安思危，荣耀就会来到他的身边；培养专一于道的能力而又注重细节，荣耀就会在不知不觉中来到。故而《道经》上说：『人的思想在于居安思危，道的精要在于养心知微。』思危和知微之间的关系，只有君子才可以晓得。故而人的心好比盘子中的水，端正地放着不动摇，就会浑浊的在下面而清澈的在上面，能够从中观看到胡须眉毛的纹理了。一阵微风过来，浑浊的就在下面活动，清澈的就在上面活动，便是大概的形状也是看不出来的。心也是如此的。故而用理性来引导它，使它保持清醒的状态，外物不能使它倾倒，如此就能够判断是非解决疑难了。要是外界的小事物引诱它，那么外面不能保持端正，内心又倾倒，就连粗浅的道理都不知道了。故而欢喜写字的人很多，不过只有仓颉的流传下来了，这便是由于他专一。欢喜种庄稼的人很多，不过只有后稷的流传下来了，是因为他专一；欢喜音乐的人很多，不过只有夔的流传下来了，这是因为他专一；欢喜道义的人很多，不过只有舜的流传了下来，这是因为他专一。倕制造了弓，浮游制造了箭，而只有后羿精于射箭；奚仲制造了车，乘杜首先用马驾车，而只有造父精于驾车。从古至今，没有谁是因为一心两用而能事业专精的。曾子说：『看着打拍子的小棍，心里想着能够用它来打老鼠，如果能和我共同唱好歌呢？』

空石这个地方有个叫作觙的人，他为人善于射覆而又欢喜思虑。但只需他的耳朵一听见声音，眼睛一看见颜色，他的思路就会受到干扰，听见蚊虻的声音，他的聚精会神也会受到影响。故而，他避开耳目与声音颜色的接触，远离蚊虻的声音，单居独处，静静思考，于是就通达清楚了。对『仁』的思考也如此，能够说达到精微了吧。孟子由于厌恶干扰而将妻子休掉，能够称为可以自强的了，但还谈不上深思熟虑。有子怕睡着了误事而用火烧灼自己的手掌，能够称为可以自忍的了，但还谈不上欢喜思考。避开耳目与声音颜色的接触，远离蚊虻的声音，能够称为能自我警惕的了，但还谈不上精微。精微的，是圣人。是圣人，还想要什么自强、自忍与自我警惕呢？故而，对『道』认识肤浅的人，光色表现于外，而圣人清澈透明的是内部的光色。故而，圣人顺随人的欲念，尽有人的情感，而处置全部事情都合理，还有什么想要自强、自忍与自我警惕的呢？故而，仁者办事，往往并非有意为之；圣人办事，也常常无须勉强为之。仁者的思考，是谨慎的；圣人的思考，是轻松愉快的。这就是治心的方法。

凡观物有疑，中心不定，则外物不清，吾虑不清，则未可定然否也。冥冥而行者，见寝石以为伏虎也，见植林以为后人也，冥冥蔽其明也。醉者越百步之沟，以为跬步之浍也，俯而出城门，以为小之闺也，酒乱其神也。厌目而视者，视一以为两，掩耳而听者，听漠漠而以为哅哅，势乱其官也。故，从山上望牛者若羊，而求羊者不下牵也，远蔽其大也。从山下望木者，十仞之木若箸，而求箸者不上折也，高蔽其长也。水动而景摇，人不以定美恶，水势玄①也。瞽者仰视而不见星，人不以定有无，用精惑也。有人焉，以此时定物，则世之愚者也。彼愚者之定物，以疑决疑，决必不当。夫苟不当，安能无过乎？

夏首之南有人焉，曰涓蜀梁，其为人也，愚而善畏。明月而宵行，俯见其影，以为伏鬼也；卬视其发，以为立魅也，背而走，比至其家，失气而死。岂不哀哉！凡人之有鬼也，必以其感忽②之间疑玄之时正之。此人之所以无有而有无之时也，而已以正事。故伤于湿而击鼓鼓痹，则必有敝鼓丧豚之费矣，而未有俞疾之福也。故虽不在夏首之南，则无以异矣。

凡以知，人之性也；可以知，物之理也。以可以知人之性，求可以知物之理，而无所疑止之，则没世穷年不能遍也。其所以贯理焉虽亿万，已不足以浃③万物之变，与愚者若一。老身长子，而与愚者若一，犹不知错，夫是之谓妄人。故学也者，固学止之也。恶乎止之？曰：止诸至足。曷谓至足？曰：圣也。圣也者，尽伦者也；王也者，尽制者也；两尽者，足以为天下极矣。故学者，以圣王为师，案以圣王之制为法，法其法以求其统类，以务象效其人。向是而务，士也；类是而几，君子也；知之，圣人也。

【注释】

①玄：通『眩』，动荡不定。

②感忽：恍惚。

③浃（jiā）：持，掌握。

【译文】

但凡观看事物的迷惑有：内心不平静，那么外界的事物就想不清；自己的思想混乱，那就很难判断是非。黑暗中走路的人，发现卧石会认为是趴着老虎，看见树林会认为里面站着人，这是黑暗模糊了他的视力。喝醉酒的人跨大沟，会认为是在过小沟；低着头出城门，会认为是在过小门；这是酒迷醉了他的神志。揉了眼睛去看，会把一点看成两点；捂住耳朵去听，会把默默无声当作嗡嗡作响；这是外力障碍了他的感觉。从山上远望山下的牛就如同是羊，但获得羊的人是不会下山去牵的，这是远离掩盖了牛的高大。从山下眺望山上的树，七丈高的树木像筷子，但想要筷子的人是不会上山去折的，由于他晓得高远对长度制造了错觉。水波荡漾影子也晃动，人们不会以此来定美丑，这是由于他晓得是水波变乱了人的容貌。瞎子抬头观望而看不见星星，人们不会以他的感觉来定星星的有无，由于人们晓得他的眼睛没视力。要是有人在那儿以此来做出判断，那他必定是世界上最愚蠢的人。如此的蠢人判断事物，必定是用似是而非的标准来判断似是而非的事物，判断必定不妥当。要是判断欠妥当，又何能做事不做错呢？

夏首的南边有一个人，他的名字是涓蜀梁，他生性愚蠢而又十分胆小。在月光明亮的夜晚行走，低头看到自己的影子，认为是伏在地上的鬼；抬头看到自己的头发，认为是站在面前的鬼怪，于是转身便跑，等跑去自己家中时，就断气死去。这难道不可悲吗？凡人认为有鬼，那一定是他在精神恍惚之际或者疑惑迷乱之时做出的判断。这正是人们因此把无当有、把有当无的时节，而他们却在这个时节来判定事物。所以有人在得了风湿病时却打鼓以祛除疾病，烹猪以祭祀神灵，那一定会有打破鼓、送掉猪的破费了，却没有治愈疾病的福气。此种人虽说不住在夏首的南边，却同那个涓蜀梁没有什么区别呀。

通常来说，可以认识事物，是人的本性；事物能够被认识，是事物的规则。凭借能够认识事物的人的本性，去探求能够被认识的事物的规律，要是对此没有一定的限制，那么过完了一辈子、享尽了天年也不能穷尽对万物的认识。人们效法贯通事理的办法即使有成亿上万条，但要是最终不能够用它们来知道万事万物的变化，如此一来，那就和蠢人没什么两样了。自己老了、子女长大了，仍然和蠢人似的，却还不晓得放弃这种无益的做法，这就称为无知妄人，故而，学习，本来就要有个学习的范围，有必定的限制与目的。把自己的学习范围限制在哪里呢？答复道：把它限制在最圆满的境界。什么称为最圆满的境界？答复道：就是通晓圣王之道。圣人，便是完全精通事物的道理的人；王者，便是完全精通治国的制度的人；这两个方面都精通的人，就完全能够成为天下最高的表率了。故而，学习的人，要以圣王为老师，要把圣王的制度成为自己的法度，效法圣王的法度而探求他们的纲领，并努力效法他们的为人。向往这种圣王之道而想要追求的，便是士人；效法此种圣王之道而想要接近它的，便是君子；知晓此种圣王之道的，便是圣人。

故，有知非以虑是，则谓之惧；有勇非以持是，则谓之贼；察孰非以分是，则谓之篡；多能非以修荡是，则谓之知①；辩利非以言是，则谓之詍。传曰：『天下有二，非察是，是察非。』谓合王制与不合王制也。天下有不以是为隆正也，然而犹有能分是非、治曲直者邪？

若夫非分是非，非治曲直，非辨治乱，非治人道，虽能之无益于人，不能无损于人；案直将治怪说、玩奇辞，以相挠滑也；案强钳而利口，厚颜而忍诟，无正而恣睢，妄辨而几利，不好辞让，不敬礼节，而好相推挤，此乱世奸人之说也，则天下之治说者，方多然矣。传曰：『析辞而为察，言物而为辨，君子贱之；博闻强志，不合王制，君子贱之。』此之谓也。

周而成，泄而败，明君无之有也；宣而成，隐而败，暗君无之有也。故君人者，周则谗言至矣，直言反矣，小人迩而君子远矣。《诗》云：『墨以为明，狐狸而苍。』此言上幽而下险也。君人者，宣则直言至矣，而谗言反矣，君子迩而小人远矣。《诗》云：『明明在下，赫赫在上。』此言上明而下化也。

【注释】

①知：这里是巧诈的意思。

②几：就，成功，结果。

【译文】

故而，有智慧而不用来思考圣王之道的，就称为抢夺；有勇力而不用来维护圣王之道的，就称为贼害；观看问题仔细周详而不用来分析圣王之道的，就称为篡逆；多才多能而不用来学习并光大圣王之道的，就称为智巧；能说会道而不用来宣传圣王之道的，就称为废话。古书中说：『天下的事物有是和非两方面，一是通过非来考察是，一是通过是来思考非。』这所说的是和非，是指符合圣王法度和不符合圣王法度。天下要是有不用圣王的法度为最高准则的，那么还有可以分辨是非、处理曲直的东西吗？

至于那不分辨是非、不处置曲直、不辨别治乱、不规范做人的道德，即使精通它，也无益于人，不精通它，也无损于人；这只不过是研究怪论邪说，玩弄奇异辞藻，用以互相扰乱而已。强行钳制别人而伶牙俐齿，厚着脸皮而忍着诟骂，不守正道而恣意胡为，妄施诡辩而希冀得利，不欢喜辞让，不尊重礼节，而善于相互排挤，这就是混乱时代奸邪的人的学说。而天下研讨思想学说的人，却多数是如此的。古书中说：『辨析言辞而自认为明察，空谈名物而自认为善辩，君子鄙贱此种人。见识广博，记忆力强，但不合于圣王的法则，君子鄙贱此种人。』便是说的此种情形。

秘密商量就成功，事情公开就失败，英明的君主没此种事。袒露真情就成功，隐瞒真相就失败，昏暗的君主没此种事。故而，君主要是周密地谋划，这样，毁谤的话就会来，正直的话就会缩回去了；小人一接近，君子就远离。《诗经》上说：『你把黑的说成白，你说狐狸色苍黛。』这是说君主要是昏庸愚昧，臣民就会铤而走险。君主要是开诚布公，那么，正直的话就会说出来，毁谤的话就得缩回去了，君子一接近，小人就远离。《诗经》上说：『皎洁明亮在民间，光辉灿烂是君上。』这是讲君主光明正大，臣民就会被感动。

正名

第二十二

后王之成名：刑名从商，爵名从周，文名从《礼》。散名之加于万物者，则从诸夏之成俗曲期，远方异俗之乡，则因之而为通。

散名之在人者：生之所以然者谓之性。性之和所生，精合①感应，不事而自然谓之性。性之好、恶、喜、怒、哀、乐谓之情。情然而心为之择谓之虑。心虑而能为之动谓之伪；虑积焉，能习焉，而后成谓之伪。

正利而为谓之事，正义而为谓之行。所以知之在人者谓之知，知有所合谓之智。智所以能之在人者谓之能，能有所合谓之能。性伤谓之病。节遇谓之命。

是散名之在人者也，是后王之成名也。

今圣王没，名守慢，奇辞起，名实乱，是非之形不明，则虽守法之吏、诵数之儒，亦皆乱也。若有王者起，必将有循于旧名，有作于新名。然则所为有名，与所缘以同异，与制名之枢要，不可不察也。

【注释】

①合：会合，接触。

②道：由，遵行。

【译文】

如今圣王确定名字：刑法的名字依从商朝的，爵位的名字依从周朝的，礼仪制度的名字依从《周礼》，赋予万物的各种具体名字则依从中原地区华夏各诸侯国已经形成的风俗与各方面的共同商量。远方不同习俗的地区，就依赖这些名字来进行交流。

在人事方面的各种具体名字：人生下来之所以如此称为天性。天性的和气所产生的、精神接触外物感受的反应，不经人为努力而自然形成的东西称为本性。本性中的爱好、厌恶、喜悦、愤怒、悲哀、快乐称为感情。感情是如此，而心灵给它进行抉择，称为思考。心灵思虑后，官能为之而行动，称为人为。思虑不断积累，官能反复练习，尔后形成一种常规，也称为人为。为了功利去做称为事业。为了道义去做称为德行。

为了正义去做叫德行。人本身具有的认识事物的能力叫作认识能力。认识与外界事物相符合叫作智慧。人本身具有的某些能力叫作本能。本能与外界事物相符合叫作才能。天性受到了伤害叫疾病。偶然的遭遇叫命运。

这是人本身的各种名称，是后王制定的名称。

如今，圣明的帝王不存在了，遵守统一名称的事也就懈怠了，奇谈怪论出现了，名字和实际事物的对应关系很混乱，正确和错误的准则很不清楚，就算是掌管法度的官吏、研究学术的儒生，也都被弄得混乱不清了。要是再有王者出现，必定沿用一些旧的名字，并创制一些新的名字。这样，那么对于为什么要有名字，使事物的名字有同有异的依据，还有制定名称的准则等问题，就不能不弄明白了。

异形离心交喻，异物名实玄纽。贵贱不明，同异不别，如是，则志必有不喻之患，而事必有困废之祸。故，知者为之分别制名以指实，上以明贵贱，下以辨同异。贵贱明，同异别，如是，则志无不喻之患，事无困废之祸，此所为有名也。

然则，何缘而以同异？曰：缘天官。凡同类同情者，其天官之意物也同。故比方之疑似而通，是所以共其约名以相期也。形体色理以目异，声音清浊调竽奇声以耳异，甘苦咸淡辛酸奇味以口异，香臭芬郁腥臊洒酸奇臭以鼻异，疾养沧热滑铍轻重以形体异，说故喜怒哀乐爱恶欲以心异。心有征知，征知则缘耳而知声可也，缘目而知形可也。然而，征知必将待天官之当簿①其类，然后可也。五官簿之而不知，心征之而无说，则人莫不然谓之不知。此所缘而以同异也。然后随而命之，同则同之，异则异之，单足以喻则单，单不足以喻则兼，单与兼无所相避则共，虽共不为害矣。知异实者之异名也，故使异实者莫不异名也，不可乱也，犹使异实者莫不同名也。故万物虽众，有时而欲遍举之，故谓之『物』。『物』也者，大共名也。推而共之，共则有共，至于无共然后止。有时而欲遍举之，故谓之『鸟』『兽』。『鸟』『兽』也者，大别名也。推而别之，别则有别，至于无别然后止。名无固宜，约之以命，约定俗成谓之宜，异于约则谓之不宜。名无固实，约之以命实，约定俗成谓之实名。名有固善，径易而不拂，谓之善名。物有同状而异所者，有异状而同所者，可别也。状同而为异所者，虽可合，谓之二实。状变而实无别而为异者，谓之化；有化而无别，谓之一实。此事之所以稽实定数也。此制名之枢要也。后王之成名，不可不察也。

『见侮不辱』，『圣人不爱己』，『杀盗非杀人也』，此惑于用名以乱名者也。验之所以为有名，而观其孰行，则能禁之矣。

【注释】

①薄：同『薄』，接触。

【译文】

不同的人要是用不同的意念互相告知，不同的事物要是名字与实际相互交结，那么就会使贵贱分辨不清，同异不能根本。要是如此，那意志一定会有不能表达清楚的忧患，而事情一定会有陷入困顿而被废弃的灾祸。所以明智的人给各种事物区别制定名字以指明实际事物，上用以彰明贵与贱，下用以区别同与异。贵贱彰明，同异分清，这样，那意志没有不能表示明白的忧患，事情没有陷入困顿而被废弃的灾祸。这便是要有名字的缘由。

那么，根据什么来区别事物名字的同异呢？答复道：根据人天生的感官。但凡同族又有共同情感的人，他们天生的感官对事物的体会也相同，所以对事物的描摹只要大体相像便能使人通晓，这就是人们能一起使用概括的名称来互相交际的原因。形体、颜色、纹理，因眼睛的感受而不同；单音和和声、清音和浊音、协调乐器的竽声、奇特的声音，因耳朵的感受而不同；甜、苦、咸、淡、辣、酸、奇特的味道，因嘴巴的感受而不同；香、臭、花香、鸟臭、腥、臊、马臊臭、牛臊臭、奇特的气味，因鼻子的感受而不同；疼、痒、冷、热、滑、涩、轻、重，因身体的感受而不同；愉悦、痛苦、喜、怒、哀、乐、爱好、厌恶、欲望，因心灵的感受而不同。心灵能验证事物。既然心灵能验证事物，那么依靠耳朵就能够清楚声音，依靠眼睛就能够清楚形状了，不过心灵之验知外物，却又必定要等到感官接触事物的性状之后才行。要是五官接触了外界事物而不能认知，心灵验知外物而不能说出来。这样，说他无知，人们是不会不同意的。这些便是事物的名字之所以有同有异的根据。这些道理知道后，就依照它来给事物命名，一样的事物就给它们一样的名字，不同的事物就给它们不同的名字；单音节的名字能够使人明白的就用单音节的名字；单音节的名字不能用来使人明白的就用多音节的名字；单音节的名字和多音节的名字要是没有互相回避的必要就共同使用一个名字，即使共同使用一个名字，也不会造成什么害处。

本质不相同的事物要用不相同的名字，因此本质不相同的事物都有着不相同的名字，这种规定不能违背，就好像让本质相同的事物都具有相同的名字是一个道理。世间万物，有时要把它们共同举出来，就叫作『物』。『物』这个名字，是个最大的共用名字。依此推求而给事物制定共用的名字，那么共用的名字之中又有共用的名字，直到不再有共用的名字，然后才终止。有时候想要把它们部分地举出来，故而把它们称为『鸟』『兽』。『鸟』『兽』此种名字，是一种最大的区别性名字。依此推求而给事物制定区别性的名字，那么区别性的名字之中又有区别性的名字，直到不再有区别性的名字，此后才终止。名字并没有本来就合宜的，而是人们相约命名的，约定俗成了就能够说它是合宜的，和约定的名称不同就称为不合宜。名字并没有固有的表示对象，而是人们相约给实际事物命名的，约定俗成了就把它叫作某一实际事物的名字。名字有本来就起得好的，直接平易而不违背事理，就称为好的名字。事物有形状相同而实体不同的，有形状不同而实体一样的，这是能够分辨的。形状一样却是不同的实体的，即使能够合用一个名字，也应该说它们是两个实物。形状变了，但实质并没有区别而成为异物的，称为变化；有了变化而实质没有区别的，应当说它是一个实物。此是对事物考察实质确定数目的方法。这些便是制定名字的关键。现代圣王确定名字，是不能不弄明白的。

『见侮不辱』『圣人不爱己』『杀盗非杀人也』，此种讲法都是迷惑于用名字表面的异同来抹杀名字实质的异同。用要有名字的原因来检验这些讲法，看看这些说法与通常的讲法哪一种更行得通，就能禁绝这些讲法了。